寺院の[illegible]
法律基礎知識
Q&A

宗教法人設立手続から税務まで

志田 祐義 監修
伊藤 洋実 編著
伊藤 和貴／菊地 則夫／北村 亮典／髙橋 優介／原田 宣彦 共著

日本法令®

はしがき

私が所属する法律事務所には、顧問先であるご住職や寺院の役職員の方々から墓地の維持管理や檀家との法律問題に関するご相談がよく寄せられます。そのような中、あるとき寺院運営に真摯に取り組まれている若いご住職から、「寺院法務の基本的な知識を気軽に得られる一冊があればいいのに」とのご意見をいただき、これをきっかけに本書の企画がスタートしました。

寺院法務に関する既存の専門書には良書も多いのですが、それらは私ども弁護士等の法律家が知識を確認するのに適した比較的詳細な内容である反面、ご住職や役職員の方々がストレスなく読み進めるには少々難しい内容なのではないかと感じておりました。

そこで本書は、寺院運営において直面し得る代表的な法律問題及び税務上の問題に焦点を当て、法律・税務問題だけになにかと難解になりがちな内容について、できるだけ丁寧で分かりやすい説明となるよう心がけました。ご住職からの質問にＱ＆Ａ形式で答える構成とし、ご住職等が直面している問題を本書の目次等から検索して、問題解決の参考にしていただくことも想定しています。

また、テーマも、宗教法人の基礎知識、寺院内部の法律問題、墓地等に関する法律問題、信者等との法律問題、宗教法人による事業運営といった法的問題に加えて、宗教法人が知っておかなければならない税務上の基本知識にも触れ、幅広い分野における代表的な問題を取り上げ、巻末に参考資料として寺院規則等の書式例も複数掲載しております。

なにより、僧侶として、寺院の運営にも携わっている志田祐義弁護士が監修者として参画しており、寺院運営の現状も踏まえた内容となっているものと考えております。

ご住職の方々は、人々が生きていくうえで避けることのできない苦悩や悲しみに寄り添い、各宗派の教えを通じて、精神的な支えや希望を与えるという重大な責務を日々実践なさっています。

私どもはそのお姿から、弁護士としてご相談者と向き合う際の基本を学ばせていただいております。

本書が、知識の拡充を求め、ご自身の使命を果たそうとするご住職の方々の熱意に応え、寺院の発展に寄与するお手伝いができることを願ってやみません。また、寺院法務・税務に携わる弁護士・税理士をはじめとする専門士業の方にとっても、寺院法務・税務の基本知識を確認するための有用な一冊となるのであれば執筆者としては望外の喜びです。

最後になりましたが、本書の出版の機会を与えてくださった岩倉春光さんをはじめとして、担当いただいた日本法令のみなさんに心より感謝申し上げます。

執筆者代表　　弁護士　伊藤 洋実

目次

第1章　宗教法人に関する基礎知識

弁護士　伊藤 洋実

第2章　寺院内部の法律問題

弁護士　北村 亮典

第3章　墓地等に関する法律問題

弁護士　髙橋 優介

第4章 寺院と檀信徒等との法律問題（墓地使用以外）

弁護士　原田 宜彦

第5章 宗教法人による事業運営

弁護士　伊藤 和貴

第6章　宗教法人の税務

税理士　菊地 則夫

巻末付録 寺院規則・約款・使用規則（例）

凡例等

●裁判例は、「【裁判所及び裁判形式】＋【裁判年月日】」あるいは「【裁判所及び裁判形式】＋【裁判年月日】＋【出典】」の形式で表記しています。

●裁判例の出典について、以下のように省略しています。

最高裁判所民事判例集	民集
最高裁判所裁判集民事	集民
高等裁判所民事判例集	高民
下級裁判所裁判例集	下民
判例タイムズ	判タ
判例時報	判時
判例地方自治	判自
労働判例	労判

●条文の引用等において、旧仮名遣い・旧字体・漢数字等を修正している場合があります。

第1章

宗教法人に関する基礎知識

弁護士　伊藤 洋実

Q1 「宗教団体」と「宗教法人」

「宗教団体」と「宗教法人」の違いを教えてください。

A

「宗教団体」のうち、宗教法人法によって「法人格」を与えられた団体を「宗教法人」といいます。

解　説

1 「宗教団体」と「宗教法人」

寺院とは「宗教団体」の一つですが、「宗教団体」のほかに「宗教法人」という言葉も耳にしたことがあるかと思われます。この「宗教団体」と「宗教法人」の違いは何でしょうか。

寺院運営にまつわる基本原則を定めた法律として宗教法人法(以下、本章において「法」といいます）がありますが、「宗教団体」については法２条に定義が定められています。

> この法律において「宗教団体」とは、宗教の教義をひろめ、儀式行事を行い、及び信者を教化育成することを主たる目的とする左に掲げる団体をいう。
>
> 一　礼拝の施設を備える神社、寺院、教会、修道院その他これらに類する団体
>
> 二　前号に掲げる団体を包括する教派、宗派、教団、教会、修道会、司教区その他これらに類する団体

また「宗教法人」については法４条に定められています。

宗教団体は、この法律により、法人となることができる。
2　この法律において「宗教法人」とは、この法律により法人となつた宗教団体をいう。

つまり、「宗教団体」のうち宗教法人法によって「法人格」を与えられた団体を「宗教法人」といいます。

「法人格」とは、聞き慣れない言葉かもしれませんが、権利・義務の主体となることのできる資格（権利能力）をいいます。法人格を与えられていない宗教団体でも、宗教行為を行うことは可能です。では、なぜ宗教団体は法人格を取得しようとするのでしょうか。法1条にまさしく法人格を取得する目的が記載されています。

この法律は、宗教団体が、礼拝の施設その他の財産を所有し、これを維持運用し、その他その目的達成のための業務及び事業を運営することに資するため、宗教団体に法律上の能力を与えることを目的とする。
2　（略）

すなわち、同じ信仰の人たちが集まって宗教団体が形成されると、団体を構成する信徒等の個人財産とは区別された共有財産が生じ、それを管理・運営する必要性が生じます。そこで宗教団体名義で礼拝施設等の建物や土地を所有し、登記を備え、さらには維持運用を行っていくために法人格が必要となるのです[1]。

2　包括宗教法人と被包括宗教法人

宗教法人には、法2条1号のように礼拝の施設を備える「単位宗教法人」と、法2条2号のように個々の寺院を包括する、浄土真宗や真言宗等のような「包括宗教法人」（宗派）があります。「単位宗教法人」には、特定の宗派の傘下にある「被包括宗教法人」と、宗派に属さな

1　法人格を具備していない団体名で登記することは認められていない。

い「単立宗教法人」の２種類があります。

包括宗教法人と被包括宗教法人の関係は、寺院運営上の具体的手続に大きく影響します。

■ 包括被包括関係

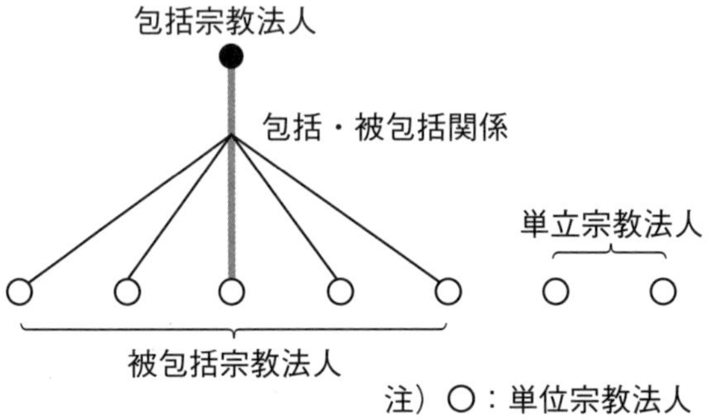

（文化庁ＨＰ「宗教法人と宗務行政」より引用）

Q2　宗教法人設立手続

? 宗教団体が宗教法人となるためには、どのような手続が必要となりますか。

A　宗教団体が法人格を取得し、宗教法人となるためには、一定の要件と手続が必要です。要件としては、設立を希望する宗教団体が、宗教法人法上の「宗教団体」に該当し、かつ現実に宗教団体としての活動実績がなければなりません。

また、手続としては、①設立発起人会の開催（設立会議の議決）後、②公告を行い、③寺院規則の認証を受け、④設立の登記を申請し、⑤所轄庁[2]への登記の届出を履践することが重要ですが、実際に宗教法人の設立を検討される際には、事前に所轄庁の窓口に相談することをお勧めします[3]。

解　説

1　宗教法人設立の要件

宗教法人を設立できるのは、宗教法人法に定める「宗教団体」に限られます。「宗教団体」とは、①宗教の教義をひろめること、②儀式行事を行うこと、③信者を教化育成することの３つを主たる目的とし、礼拝施設を備えている団体をいいます。

もっとも「宗教団体」と認定されるためには、これらの要件を形式的に具備するだけでなく、宗教団体としての活動実績が重要です。所轄庁では、宗教法人の設立申請の前に「宗教団体であることを証する

2　一つの都道府県内に事務所と礼拝施設を持つ宗教法人は、事務所所在地の知事が所轄庁となり、他の都道府県にも礼拝施設を持つ宗教法人は文部科学大臣が所轄庁となる。
3　所轄庁のＨＰに、宗教法人の設立についての相談窓口が紹介されている。

ための書類」[4]を提出させ、過去３年程度の宗教団体としての活動状況を確認しています[5]。

2　宗教法人設立手続

所轄庁によって、「宗教団体」に該当することが確認された後、以下のような手続を行います。

(1)　寺院規則の作成

これまで運用していた団体規約等を基に、宗教法人用の規則を作成します。規則に定めるべき項目についてはQ４をご覧ください。

(2)　設立発起人会の開催

代表役員及び責任役員候補者の参加のもと設立発起人会を開催し、代表役員及び責任役員の決定、規則案や宗教法人の名称などについての議決を行います。

(3)　包括宗教団体の承認

被包括関係を設定しようとする宗教団体がある場合は、その団体の承認を受けます。

(4)　公告（申請の少なくとも１か月前）（法12条３項）

信者その他の利害関係人に対し、規則案の要旨を示して宗教法人を設立する旨を公告します。

(5)　所轄庁への規則の認証申請（法12条、13条）

所轄庁へ、作成した規則の認証を申請します。

(6)　宗教法人設立登記（法52条）

所轄庁によって規則が認証されると、規則の認証書、認証した規則及びこれらの謄本が交付されますので、交付を受けた日から２週間以内に主たる事務所の所在地を管轄する法務局において宗教法人設立の登記をする必要があります。

4　「宗教団体であることを証するための書類」は、宗教団体の概要書、宗教活動に関する書類、宗教団体としての実体に関する書類を内容とするが、まずは各所轄庁の相談窓口に確認すべきである。

5　この段階で、宗教団体としての運営の基本を定めた「規則」の作成準備を開始する。

(7) 所轄庁への登記の届出（法９条）

登記事項証明書を添えて、宗教法人設立届を所轄庁に提出します。

～コラム～
◇宗教法人法の特徴[6]◇

宗教法人法は、宗教団体が、礼拝の施設その他の財産を所有し、これを維持運用し、その他その目的達成のための業務及び事業を運営することに資するため、宗教団体に法人格を与えることを目的として作られた法律です（法１条）。宗教法人法は宗教団体に法人格を付与する根拠法、いわば生みの親ですから、宗教法人の役員は宗教法人法を遵守しなければなりません。宗教法人法は、宗教法人の設立手続、成立要件、宗教法人の管理運営に関する事項、寺院規則の変更、合併、解散、登記等について定めていますが、ここでは宗教法人法の特徴を紹介します。

①　認証制度

宗教法人の設立、規則の変更、合併、解散については、その都度所轄庁の認証を得なければなりません（法12条１項、26条１項、33条、44条１項）。宗教法人が宗教法人法その他の法令を遵守していることを担保するために認証制度がとられています。この「認証」という制度は、「許可」制度[7]とは異なり、内容の価値判断に踏み込むことなく、原則的に書面審査により法律の要件を充足するかを審査するもので、宗教法人の信教の自由を侵害しないように配慮されています。

②　責任役員制度

宗教法人の運営は、代表役員の独断で決定されることのないよう３名以上の責任役員（代表役員を含みます）が設置され、規則に別段の定めがなければ、責任役員の定数の過半数で決し、その議決権は各々平等となっています（法18条、19条）。

6　文化庁『宗教法人運営のガイドブック』（文化庁文化部宗務課、2010年）３頁
7　「許可」制度は、許可するか否かについて所轄庁の裁量が認められる。

③　公告制度

宗教法人には多数の利害関係人（信者、宗派、地域住民、石材店等）が存在します。そこで、宗教法人が、設立、規則の変更、合併、解散、財産処分等の重要な行為を実施するに際しては、信者その他の利害関係人に公告することを義務付けています。

公告の方法は、法12条2項に「新聞紙又は当該宗教法人の機関紙に掲載し、当該宗教法人の事務所の掲示場に掲示し、その他当該宗教法人の信者その他の利害関係人に周知させるに適当な方法でするものとする」と定められています。公告の方法は規則に記載する必要があり（法12条1項11号）、登記事項でもあります（法52条2項9号）。実際には、掲示場に○日間掲示する、とされている例が多いようです。

Q３　宗教法人の組織

？ 宗教法人にはどのような組織や機関がありますか。

A　**宗教法人の組織として、３人以上の責任役員、責任役員の中から選ばれた１人の代表役員、代務者、仮代表役員・仮責任役員、議決・諮問・監査等の機関があります。**

解　説

1　宗教法人の組織

宗教法人を管理運営する組織については法18条以降に定められており、３人以上の責任役員と、責任役員の中から選ばれた１人の代表役員が必置となっています（法18条１項）。

⑴　代表役員（法18条３項）

代表役員とは、「宗教法人を代表し、その事務を総理する」者をいい、代表権を有する事務執行機関です。宗教法人が宗教法人法によって「法人格」を付与されて権利・義務の主体となることが認められたとしても、あくまで法的に擬制されたものにすぎません。実際に宗教法人として法律行為を行うのは代表役員であり、責任役員会の決定に基づいて代表役員の名義で法律行為を行います。代表役員によってなされた行為は権限の範囲内であれば宗教法人に帰属します。代表役員は宗教法人の中枢機関であることから、その氏名及び住所は登記によって公示されなければならず、代表役員が変更になった場合には、変更の登記を行うとともに所轄庁に届け出なければなりません。被包括宗教法人である寺院においては、「この法人の代表役員は、この寺院の住職の職にある者をもって充てる」と規則に定めている場合が多く、住職が代表役員の地位に就くことが通例となっていますが、代表役員は法的な地位であるのに対して、住職は宗教上の地位です。

⑵ 責任役員（法18条4項）

責任役員とは、「規則で定めるところにより、宗教法人の事務を決定する」者をいい、宗教法人の管理運営機関です。３名以上の責任役員により構成される責任役員会において、法人の事務について審議し、意思決定を行います。意思決定の方法は、規則に別段の定めがない場合には、定数の過半数で決することになります（法19条）。

⑶ 代務者（法20条）

代務者とは、法人の役員が死亡その他何らかの事由で欠けた場合、又は病気等によって３か月以上職務を行うことができない場合に置かれる代行機関のことをいいます。この代務者には、代表役員代務者と責任役員代務者とがあり、このうちの代表役員代務者については、代表役員と同様に登記事項となっています。代務者の職務権限は、規則に別段の定めのない限り、通常の代表役員・責任役員と同様です。

⑷ 仮代表役員・仮責任役員（法21条）

代表役員と法人との利益が相反するような事項については、当該代表役員に代わって専任された仮代表役員が職務を遂行することになります。また、責任役員は、その責任役員と特別の利害関係がある事項については、議決権を有しません。この場合に、議決権を有する責任役員の員数が責任役員の定数の過半数に満たなくなったときは、その過半数に達するまでの員数以上の仮責任役員を選任しなければなりません。

⑸ 議決・諮問・監査その他の機関（法12条1項6号）

上記の機関の他に、規則に定めることにより、議決機関、諮問機関、監査機関などを任意に設置することができます。議決機関として檀信徒総会や宗会、諮問機関として檀信徒総代や総代会、監査機関として監事などを設置している例があります。

2　役員の欠格（法22条）

次の各項目のいずれかに該当する者は、代表役員、責任役員、代務者、仮代表役員又は仮責任役員になることができません。また、次の各項目に該当する場合には、その資格を喪失し、退任することになります。

①　未成年者

②　心身の故障によりその職務を行うにあたって必要となる認知、判断及び意思疎通を適切に行うことができない者

③　禁錮以上の刑に処せられ、その執行を終わるまで又は執行を受けることがなくなるまでの者

Q４　宗教法人の規則

？ 宗教法人の規則にはどのようなことを定めればよいのでしょうか。また規則の変更手続について教えてください。

A　規則で定めるべき事項は法 12 条に定められています。また規則の変更手続についても法 26 条に定められています。

解　　説

1　規則に定めるべき事項

宗教法人を設立する際には、規則を作成し、所轄庁の認証を受けなければなりません。規則で定めるべき事項は法 12 条に記載されています。規則は宗教法人を運営するための基本原則ですから、役員は規則に則って適正に管理運営することが求められています。

■　規則に定めるべき事項

①　目的

②　名称

③　事務所の所在地

④　設立しようとする宗教法人を包括する宗教団体がある場合には、その名称及び宗教法人非宗教法人の別

⑤　代表役員、責任役員、代務者、仮代表役員及び仮責任役員の呼称、資格及び任免並びに代表役員についてはその任期及び職務権限、責任役員についてはその員数、任期及び職務権限、代務者についてはその職務権限に関する事項

⑥　上記①～⑤に掲げるもののほか、議決、諮問、監査その他の機関がある場合には、その機関に関する事項

⑦　法６条の規定による事業（公益事業、及び公益事業以外の事業）を行う場合には、その種類及び管理運営（同条２項の規定による事業（公益事業以外の事業）を行う場合には、収益処分の方法を含みます）に関する事項

⑧　基本財産、宝物その他の財産の設定、管理及び処分（法23条但書の規定の適用を受ける場合に関する事項を定めた場合には、その事項を含みます）、予算、決算及び会計その他の財務に関する事項

⑨　規則の変更に関する事項

⑩　解散の事由、清算人の選任及び残余財産の帰属に関する事項を定めた場合には、その事項

⑪　公告の方法

⑫　上記⑤から⑪までに掲げる事項について、他の宗教団体を制約し、又は他の宗教団体によって制約される事項を定めた場合には、その事項

⑬　上記①～⑫に掲げる事項に関連する事項を定めた場合には、その事項

宗教法人の管理運営は規則に則って行う必要があるため、いつでも参照できるところに備え付けておきましょう。

2　規則の変更手続

規則の内容と実際の管理運営方法は一致していなければなりません。管理運営方法の現状が規則の内容と一致していない場合には、管理運営方法を規則に一致させる、あるいは管理運営方法と合致するよう規則を変更する、のいずれかの対応を行う必要があります。ここでは、規則を変更する場合の手続について説明します。

規則の変更手続は法26条に規定がありますが、まず宗教法人において変更手続を行います。宗教法人の規則変更手続は規則で定めることになっていますが、一般的には責任役員会の議決に加えて檀信徒総会等の議決や包括宗教法人の承認を得ることになっている場合や、責任役員会の議決も通常の事務決定の過半数ではなく３分の２以上と加

重されている場合が多いようです。そのような特段の定めがない場合には、責任役員の過半数の賛成によって決します（法19条)。

責任役員会の決議のほか、信者総会等の議決や包括宗教法人の承認など、規則に定められた宗教法人（及び包括宗教法人）における規則変更の手続がすべて完了した後は、次に所轄庁に対して規則変更の認証の申請手続を行います。具体的には法27条に記載されている「規則変更認証申請書」に「変更しようとする事項を示す書類」、「規則の変更の決定について規則で定める手続を経たことを証する書類」（責任役員会議事録等)等を添付して所轄庁に提出しなければなりません。

なお、被包括関係の設定又は廃止に係る規則の変更の場合には、認証申請の少なくとも２か月前に、信者その他の利害関係人に対し、当該規則の変更の案の要旨を示してその旨を公告する必要がありますので注意が必要です（法26条２項)[8]。

さらに、登記事項について変更を行った場合には、２週間以内に、その主たる事務所の所在地において、登記の変更手続を行う必要があります（法53条)。

変更手続を経た規則は、当該規則の変更に関する認証書が宗教法人に対して交付されたときに効力を生じます（法30条)。

8　被包括関係を設定する場合には包括宗教団体の承認を受けることを要するが、被包括関係を廃止する場合には包括宗教団体にその旨を通知するだけで足り、承認を得る必要はない（法26条３項)。規則中に包括宗教団体の承認を要する旨の定めがある場合でも、その承認を得る必要はない（法26条１項)。

■ 規則の変更の手続の順序

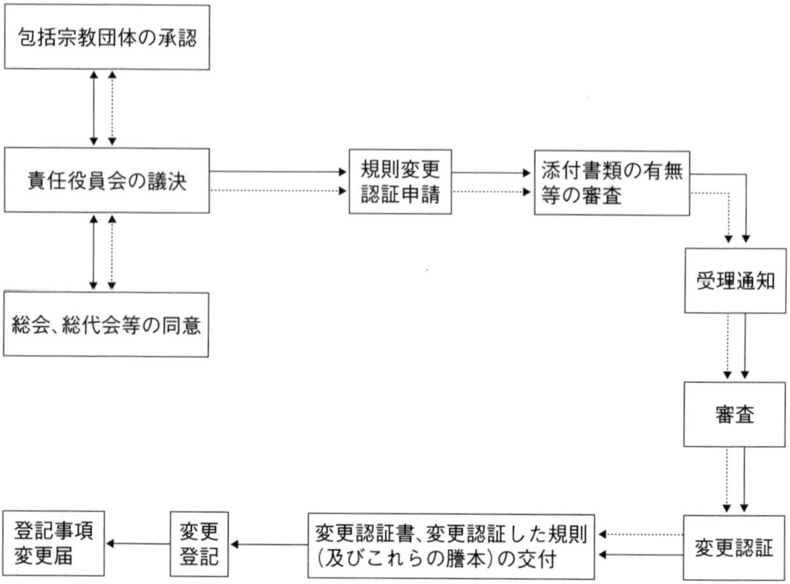

点線は登記を要しない事項の順序を示す。

（出典：文化庁『宗教法人運営のガイドブック』（平成22年９月発行）15頁より引用）

Q５　包括被包括関係

? ほとんどの寺院規則には、「○○宗の規則中この法人に関係がある事項に関する規定は、この法人についても、その効力を有する」とする規定が置かれています。このように包括宗教団体が被包括宗教法人を拘束する規定は、有効なのでしょうか。

A　各宗派における教義内容や儀式行事の執行、信者の教化育成方法などを統一する必要があることから、宗教上、宗派（包括宗教団体（法人）[9]）が被包括宗教法人を拘束する旨の規定を規則に置くことは、宗教法人法上も予定されています。法 12 条 1 項 12 号は、寺院規則の作成に関し、「第 5 号から前号までに掲げる事項について、他の宗教団体を制約し、又は他の宗教団体によつて制約される事項を定めた場合には、その事項」を制定できるとしています（このような規定を相互規定といいます）。

もっとも、包括宗教団体（法人）の規則にだけ被包括宗教法人を拘束する旨が定められていても、被包括宗教法人に対してかかる拘束を主張することはできません。被包括宗教法人の信教の自由の保障の観点から、あくまで被包括宗教法人の同意があり、被包括宗教法人の規則にも相互規定が定められることで、初めて包括宗教団体（法人）が被包括宗教法人を拘束することが有効となります。

解　　説

1　包括被包括関係

包括宗教団体（法人）と被包括宗教法人との間には、法律上の支配関係はなく、あくまで対等平等の関係にあると解されています（法

9　被包括宗教団体を包括する宗教団体は、法人格を有しない場合もある。

12条1項12号、法26条1項後段参照)。

他方で、各宗派における教義内容や儀式行事の執行、信者の教化育成方法などを統一する必要があることから、ほとんどの包括宗教団体（法人）は、宗憲等において宗派（包括宗教団体）が被包括宗教法人を拘束する旨の規定を置いています。宗教法人法においても、寺院規則の作成事項として「第5号から前号までに掲げる事項について、他の宗教団体を制約し、又は他の宗教団体によつて制約される事項を定めた場合には、その事項」（法12条1項12号）を制定できるとしており、このような規定を相互規定といいます。

多くの寺院規則にみられる相互規定としては、「代表役員は、この寺院に属する教師のうちから、包括宗教法人の代表役員が選任する」、「寺院規則を変更しようとするときは、責任役員会において定数の3分の2以上の議決を経て、包括宗教法人の代表役員の承認を得た後、所轄庁に認証の申請を受けなければならない」というものがあります。また、被包括宗教法人において、「○○宗の規則中この寺院に関係がある事項に関する規定は、この寺院についても、その効力を有する」という規定が置かれている場合も多くみられますが、このような場合、包括宗教団体（法人）の宗憲などで被包括宗教法人を拘束する規定は被包括宗教法人の運営に効力を及ぼすことになります。

2　被包括宗教法人の信教の自由

このような規定が、被包括宗教法人の信教の自由を侵害しないのか問題になりそうですが、包括宗教団体（法人）が一方的に被包括宗教法人を拘束する規定を定めても有効になりません。相互規定は、あくまで被包括宗教法人が包括宗教団体（法人）の拘束を受けることに同意し、被包括宗教法人の規則にも相互規定が定められて初めて有効となるものであり、被包括宗教法人の意思が尊重されています。また、いったん包括被包括関係を結んだ場合であっても、被包括宗教法人が自由に包括被包括関係を解消できる手続が宗教法人法に定められている（法26条参照）ことから、被包括宗教法人の信教の自由を侵害するものではないと考えられています。

Ｑ６　宗教団体の自律的決定権と司法権の限界

私はＸ寺の住職を務めておりますが、Ｘ寺の包括宗教法人であるＹ宗派から、私が日頃信徒に説いている教義がＹ宗派の教義を否定するものであるとして訓戒処分を受けました。私は、自分の説く教義はＹ宗派の教義に沿ったものであると考えていたため改めないでいたところ、Ｙ宗派から、宗規（Ｙ宗派の規則）に定められた懲戒事由に該当するとして擯斥処分（宗派から破門、除名されること）を受けました。Ｘ寺では、「住職の地位にある者が、代表役員及び責任役員となる」との規定があるため、私は住職の地位だけでなくＸ寺の代表役員と責任役員の地位も失うことになり、さらには代表役員の権限として管理を任されていたＸ寺所有の建物を明け渡すよう求められています。私が説く教義がＹ宗派の教義に則ったものであることは明らかであり、Ｙ宗派の処分は懲戒事由に該当しない無効な処分であると考えています。

この場合、Ｙ宗派の擯斥処分が無効であり、代表役員及び責任役員の地位にあることの確認を裁判所に求めることはできますか。

A　本問についてのＹ宗派の擯斥処分の無効や、質問者が代表役員及び責任役員の地位にあることの確認訴訟を提起しても却下されることになります。

解　説

1　裁判所の審判対象

紛争を解決したいと思って裁判所に訴訟を提起しても、残念ながら、裁判所はすべての紛争について審判できるわけではありません。裁判所が審判権を有するのは、裁判所法３条１項にいう「法律上の争訟」、すなわち①当事者間の具体的な権利義務ないし法律関係の存否に関する紛争であって、かつ、②法令の適用により終局的に解決することができるものに限られています。

2　本問に対する裁判所の審判

本問において、裁判所がＹ宗派の擯斥処分の効力を判断するためには、質問者の説く教義がＹ宗派の教義を否定する異説にあたるかどうかの判断をしなければならないことになります。このような判断について「法令の適用により終局的に解決することができない」として、裁判所の審判の対象外と判断された事案が日蓮正宗蓮華寺事件[10]です。

日蓮正宗蓮華寺事件では、本件と同様の事案に対して、まず憲法20条、宗教法人法１条２項、85条の趣旨に鑑み「宗教団体における宗教上の教義、信仰に関する事項については、憲法上国の干渉からの自由が保障されているのであるから、これらの事項については、裁判所は、その自由に介入すべきではなく、一切の審判権を有しないとともに、これらの事項にかかわる紛議については厳に中立を保つべきである」と宗教の教義・信仰に対する国家の中立原則に言及しました。

そして「当事者間の具体的な権利義務ないし法律関係に関する訴訟であっても、宗教団体内部においてされた懲戒処分の効力が請求の当否を決する前提問題となっており、その効力の有無が当事者間の紛争の本質的争点をなすとともに、それが宗教上の教義、信仰の内容に深くかかわっているため、右教義、信仰の内容に立ち入ることなくしてその効力の有無を判断することができず、しかも、その判断が訴訟の帰趨を左右する必要不可欠のものである場合には、右訴訟は、その実質において法令の適用による終局的解決に適しないものとして、裁判所法３条にいう『法律上の争訟』に当たらない」と判断基準を示しました。

10　最２小判平成元年９月８日民集43巻８号889頁。

その上で、「本件擯斥処分の効力の有無が本件建物の明渡を求める上告人の請求の前提をなし、その効力の有無が帰するところ本件紛争の本質的争点をなすとともに、その効力についての判断が本件訴訟の帰趨を左右する必要不可欠のものであるところ、その判断をするについては、被上告人に対する懲戒事由の存在、すなわち被上告人の前記言説が日蓮正宗の本尊観および血脈相承に関する教義および信仰を否定する異説に当たるかどうかの判断が不可欠であるが、右の点は、単なる経済的又は市民的社会事象とは全く異質のものであり、日蓮正宗の教義、信仰と深くかかわっているため、右教義、信仰の内容に立ち入ることなくして判断することのできない性質のものであるから、結局、本件訴訟の本質的争点である本件擯斥処分の効力の有無については裁判所の審理判断が許されないものというべきであり、裁判所が、上告人ないし日蓮正宗の主張、判断に従って被上告人の言説を「異説」であるとして本件擯斥処分を有効なものと判断することも、宗教上の教義、信仰に関する事項について審判権を有せず、これらの事項にかかわる紛議について厳に中立を保つべき裁判所として、到底許されないところである。したがって、本件訴訟は、その実質において法令の適用により終局的に解決することができないものといわざるを得ず、裁判所法３条にいう『法律上の争訟』に該当しないというべきである」と判示しました。

この判旨をもとに本問について分かりやすく説明すると、質問者の希望する、代表役員及び責任役員の地位にあることの確認を裁判所に求める訴えは、形式的には宗教法人の代表役員及び責任役員たる地位という具体的権利関係を対象とする訴えではありますが、かかる訴えが認められるか否かを判断するためには、擯斥処分の効力についての判断が必要不可欠です。そしてこの擯斥処分の効力についての判断をするには、質問者の説く教義がＹ宗派の教義を否定する異説にあたるかどうかの判断をしなければならないことになりますが、この判断はＹ宗派の教義、信仰と深くかかわっているため、裁判所が右教義、信仰の内容に立ち入らずに判断することができません。そうすると、宗教の教義・信仰に中立であるべき裁判所にとっては審理判断が許されないものですから、結論として裁判所は審判権を有せず、「法令の適用により終局的に解決することができない」ものとなり、したがって「法律上の争訟」に該当せず、結果として裁判所の審理判断が許されないものといわざるを得ません。

3 結　論

以上より、上記判例によれば、本問において質問者がY宗派の擯斥処分の無効や、代表役員及び責任役員の地位にあることの確認訴訟を提起しても、却下されることになります。

Q７　宗派からの離脱

？ 私が住職を務める寺院において、責任役員とも協議して宗派からの離脱を検討していますが、宗派の介入で実現できないのではないかと危惧しています。

A　宗教法人法では、寺院が宗派離脱を決定した場合、包括被包括関係を定めた規則の変更手続を適正に履践することで、宗派（包括宗教団体）の承認が得られない場合でも宗派離脱ができるように定められています（法26条1項参照）。

解　　説

1　包括被包括関係の解消（宗派からの離脱）

寺院がいずれかの宗派に属している場合、Q５でも説明したように、各宗派における教義内容や儀式行事の執行などを統一する必要から、多くの包括宗教団体において、宗憲等により宗派（包括宗教団体）が被包括宗教法人を拘束する旨の規定を寺院規則に置いています。このような宗派と寺院の関係を「包括被包括関係」といいます。しかし、いったんは包括被包括関係を結んだとしても、信仰における見解の相違や人事に関する紛争などから包括被包括関係を解消し、宗派からの離脱を検討する場合もあろうかと思われます。ここでは、包括被包括関係の廃止手続について説明します。

2　包括被包括関係の解消手続

寺院が包括被包括関係を解消して宗派から離脱しようとする場合、包括被包括関係を定めた規定を変更する必要があります。規則の変更手続はQ４で説明していますが、まず規則に定めるところに則って内部手続を行います。ここで問題となるのが、本問のように、規則の変更手続において責任役員会の議決の他に宗派の承認を得ることが条件として定められている場合、結局宗派の承認が得られずに包括被包括関係が解消できないのではないか、という点です。

規則の変更を定めた法26条1項後段は、「宗教法人が当該宗教法人を包括する宗教団体との関係（以下「被包括関係」という。）を廃止しようとするときは、当該関係の廃止に係る規則の変更に関し当該宗教法人の規則中に当該宗教法人を包括する宗教団体が一定の権限を有する旨の定がある場合でも、その権限に関する規則の規定によることを要しないものとする」と規定しています。これは、憲法20条に定める信教の自由を被包括宗教法人に対しても保障しようとする趣旨で、被包括宗教法人が宗派からの拘束に縛られることなく宗派を離脱することを可能とする規定です。つまり、「宗派の承認を得ること」が規則の変更の条件とされている場合であっても宗派の承認を得る必要がなくなり、たとえ宗派が反対していても包括被包括関係の解消が可能とされているのです。

そして、宗教法人内部の手続を完了した後は、所轄庁への認証申請の少なくとも2か月前に、信者その他の利害関係人に対し、包括被包括関係を廃止する旨を公告します（法26条2項）。また同時に、包括宗教団体（法人）に対し包括被包括関係を廃止する旨を通知します（法26条3項）。この通知を受けた包括宗教団体（法人）は、規則変更手続が適正に履践されているかについて調査し、適正に履践されていないと判断した場合に、その旨をその包括する宗教法人の所轄庁及び文部科学大臣に通知することができる（法26条4項）とされていますので、この限りで包括宗教団体（法人）は包括被包括関係の廃止手続に介入することが認められているといえます。

公告をしたときから2か月以上経過すると、次に所轄庁に対して規則変更の認証の申請手続を行います[11]。かかる申請手続には、宗教法人の内部手続を履践したことの証明書類、公告を実施したこと及び包括宗教団体（法人）に通知を行ったことの証明書類の添付が必要になります。

変更手続を経た規則は、当該規則の変更に関する認証書が宗教法人に対して交付されたときに効力を生じます（法30条）。また、当該規則の変更に関する認証書を受領した後は、包括被包括関係を廃止した旨の登記（法52条2項4号）を忘れずに行いましょう。

11　被包括宗教法人から規則変更の認証の申請がなされた場合、所轄庁は、規則変更が法28条1項各号の要件を備えているかどうかを審査すれば足りるとされている。所轄庁に、宗派離脱事由について、信仰上、教義上のものであるか否かというような実質的審査権を与えてしまうと、規則変更認証の審査に名を借りて当該宗教法人の宗教活動の自由等に介入する契機を与える危険性があるためである（さいたま地判平成14年1月23日判自236号83頁）。

Q８　被包括関係の廃止に係る不利益処分の禁止

？ 私はＸ寺の代表役員兼住職を務めるものですが、先月初めにＸ寺の包括団体であるＹ宗派との被包括関係を廃止する決議を行いました。そうしたところ、今月になって、Ｙ宗派から、私が住職としてふさわしくないとして罷免処分を受けました。Ｘ寺の規則では、代表役員はＸ寺の住職の職にある者を充てることになっているため、私は代表役員の地位も喪失することになります。罷免理由は、私がＸ寺の葬儀、霊園事業について広告会社に依頼して広告やチラシを配布した行為が宗教法人として品位に欠けるというものですが、こうした行為は７年前から実施しており、Ｙ宗派も認識していましたがこれまで注意もされず、特段問題にされていませんでしたので、被包括関係を廃止したことが本当の理由だろうと思われます。Ｙ宗派によりなされた住職罷免処分及び代表役員解任行為は、有効なのでしょうか。

A　本問のＹ宗派による住職罷免処分及び代表役員解任行為は、被包括関係廃止を企てたことを理由として代表役員を解任する行為であって、法78条１項で禁止される不利益処分に該当し、同条２項により無効になるものと考えられます。

解　説

１　被包括関係の廃止に係る不利益処分の禁止（法78条１項）

Ｑ７で説明したように、宗教法人が被包括関係を廃止する場合には､宗派に対し被包括関係を廃止する旨を通知します（法26条３項）。そのため、通知を受けた宗派が被包括関係の廃止を阻止する手段として、廃止の決定をした宗教法人の代表役員を解任するなど不利益処分を行う可能性があります。

そこで、法は、宗派が、被包括関係の廃止を防ぐことを目的として、又はこれを企てたことを理由として、法26条3項による通知前又は通知後の2年間は、包括する当該宗教法人の代表役員、責任役員等の地位にある者を解任し、又は権限に制限を加え、その他これらの者に対し不利益の取扱いをしてはならないと定めており（法78条1項)、かかる定めに違反してなされた不利益処分は無効となります（同条2項)。この規定は、法26条1項後段の規定とともに、被包括宗教法人の信教の自由を保障する趣旨であり、宗派（包括宗教団体）が被包括宗教法人の住職や代表役員の任命権を有している実情に鑑みて、宗派の権限濫用によって、被包括宗教法人による被包括関係の廃止が阻止されることのないようにするものです。

そうすると、本問では被包括関係の廃止の翌月に、Y宗派が住職である質問者を解任し、代表役員の地位を奪っているのですから、かかる解任は無効となりそうです。

2　被包括関係の廃止以外の事由を解任理由と主張された場合

では、本問においてY宗派から、被包括関係の廃止を目的として罷免したのではなく他の理由によって罷免したのであるから法78条2項の適用を受けない、との反論がなされた場合に同条項の適用はあるのでしょうか。

同条の解釈について裁判例をみると、札幌地判平成9年9月19日判タ982号290頁は「宗教法人法78条1項で禁止される不利益処分は、被包括関係廃止を企てたことが唯一の理由である場合に限らず、他にも理由がある場合であっても、およそ被包括関係廃止の企てがなければ罷免しなかったであろうほどに、被包括関係廃止が主たる理由となっている場合も含むと解される」としています。

本問の場合、罷免理由は、質問者がX寺の葬儀、霊園事業について広告会社に依頼して広告やチラシを配布した行為が宗教法人として品位に欠けるためということですが、このような行為は7年前から実施されていて、Y宗派もこれを認識していたのに、これまで注意もせずに特段問題にしていなかったということなので、被包括関係を廃止したことが主たる理由になっていると考えられます。

　そうすると、本問のＹ宗派による住職罷免処分及び代表役員解任行為は、被包括関係廃止を企てたことを理由として代表役員を解任する行為であり法78条１項で禁止される不利益処分に該当し、同条２項により無効になるものと考えられます。

Q９　宗教法人所有財産の処分

？ 宗教法人所有の財産を処分する際に注意すべき点を教えてください。

A　宗教法人所有の財産について処分をする場合には、原則として①規則に定める手続の履践と②公告が必要となります（法23条）。

これらの手続に違反した場合には、処分が無効となる場合もあるほか、代表役員等に10万円以下の過料が科されることから（法88条3号）、財産処分を行う場合には必ず法23条に定められた手続を履践するようにしましょう。

解　説

1　宗教法人の財産

宗教法人の財産は、特別財産、基本財産、普通財産の３種類に区分されます[12]。

「特別財産」は、宗教法人の宗教活動に固有の財産として宝物と什物のうちから設定されるものです。「宝物」は、本尊等その法人にとって宗教上かけがえのない財産について設定され、「什物」とは、宗教活動に使用する重要な道具類について設定されます。

「基本財産」は、宗教活動を行っていく上で必要な財政的基礎となるものです。境内地や境内建物（包括宗教法人の場合は土地、建物）のほか一定の基金がこれに該当します。

「普通財産」は、宗教法人の通常の活動に要する費用に充当すべき財産をいいます。

12　『宗教法人の管理運営の手引 第一集 宗教法人の規則（二訂版）』（ぎょうせい、2014年）43頁宗教法人のこれらの財産は、宗教活動を行う財政的基盤となるものですから適切に維持管理されなければならず、代表役員及び責任役員は、これらの財産を他の目的に使用し、あるいは濫用することを禁止されています（法18条5項参照）。

2　法23条に定める財産処分の手続

宗教法人の財産について以下に述べる処分行為をしようとするときは、①責任役員会に諮る（法19条）ほか、規則で定める手続を履践し、②処分行為の少なくとも1か月前に、信者その他の利害関係人に対し、その行為の要旨を示してその旨を公告しなければなりません[13]。

(i)　**不動産又は財産目録に掲げる宝物を処分し、又は担保に供すること。**

「不動産」とは境内地・境外地、境内建物・境外建物をすべて含みます[14]。

「宝物」は、具体的には個々の宗教法人において決定されるものです。

「処分」とは、売買、贈与、交換、賃貸借、放棄、和解、長期の賃貸借等をいいます。

(ii)　**借入れ（当該会計年度内の収入で償還する一時の借入れを除きます）又は保証をすること。**

(iii)　**主要な境内建物の新築、改築、増築、移築、除却又は著しい模様替えをすること。**

(iv)　**境内地の著しい模様替えをすること。**

(v)　**主要な境内建物の用途もしくは境内地の用途を変更し、又はこれらを法2条に規定する目的以外の目的のために供すること。**

13　ただし、法23条3号から第5号までに掲げる行為が、緊急の必要に基づく場合や軽微のものである場合、又は5号に掲げる行為が一時の期間に係るものである場合は、規則に定めた手続及び公告は不要である（法23条但書）。

14　「境内建物」とは、本殿、拝殿、本堂、社務所、庫裏、教職舎等、宗教法人の目的のために必要な固有の建物及び工作物をいい、「境内地」とは、宗教上の儀式行事を行うために用いられる土地や庭園等、宗教法人の目的のために必要な固有の土地をいう（法3条）。

前述のとおり、以上(i)〜(v)の処分行為をしようとするときは、以下の規則に定める手続の履践及び公告を行わなければなりません。

① 規則に定める手続

基本財産、宝物その他の財産の設定、管理及び処分に関する事項は規則に定めることになっています（法12条1項8号）。多くの規則では、重要な財産の処分について、責任役員会における議決（法19条）に加えて総代会の同意や宗派の同意が必要とされており、慎重に処分決定がなされるよう配慮されています。

② 公　告

宗教法人の財産は信者等から寄付された物も多いことから、広く処分について信者等に周知させることで、保有財産の処分の適正化を図る趣旨のもと、公告を行うことが求められています。

3 法23条に定める手続が履践されなかった場合

(1) 処分が無効となる場合

宗教法人の財産の中でも「境内建物若しくは境内地である不動産又は財産目録に掲げる宝物」は、宗教法人が宗教活動を行う上で特に重要なものであるため、それらの処分について法23条に定める手続が履践されなかった場合には無効となります（法24条）。ただし、取引の相手方や第三者が、法23条に定める手続を履践していないことを知らなかった場合（法律用語で「善意」であった場合）には[15]、取引の安全を図る趣旨から、無効を対抗することができず、当該処分は有効になります（法24条但書）。

15 法23条に定める手続を履践していないことについて善意（知らなかったとき）であっても、その手続の履践について容易に確認することができたにもかかわらず確認を怠っていた場合には、「重大な過失」があったとして悪意と同視され、当該処分は原則どおり無効となるので注意が必要である（最1小判昭和48年11月22日民集27巻10号1411頁）。

⑵ 処分が有効となる場合

他方、「境内建物若しくは境内地である不動産又は財産目録に掲げる宝物」以外の財産については、法23条に定める手続が履践されずに処分がなされても、無効にはならないと解されています（広島高判昭和40年5月19日判時412号50頁）。しかし、法23条の手続に反して公告を怠った場合には、代表役員等に10万円以下の過料の制裁が科されます（法88条3号）。さらには、代表役員及び責任役員は、常に法令や規則等を遵守し、寺院の業務及び事業の適切な運営を図り、その保護管理する財産については他の目的に使用し、又は濫用しないようにする義務を負っており（法18条5項）、かかる義務に違反したことにより寺院に損害が生じた場合には、損害賠償責任を負う可能性もあります。

寺院の財産を処分する場合には、必ず法23条に定められた手続を履践するようにしましょう。

Q 10　宗教法人法21条2項「特別の利害関係がある事項」

？ Ｘ宗教法人の責任役員会において、責任役員Ａ、Ｂ、Ｃが代表役員としてＡを選定しました。ところが、Ａの兄で後任代表役員候補者たる地位を有するＤから、「Ａは代表役員選定決議事項において特別の利害関係を有する者であるから、Ｘ寺規則16条2項により上記決議に加わることができないはずだ。したがってＡが参加し、議決権を行使してなされた本件決議は無効だ」と主張されています。Ｘ寺規則16条2項は、宗教法人法21条2項と同様の「責任役員は、その責任役員と特別の利害関係がある事項については、議決権を有しない」という内容ですが、代表役員の選任決議事項は、代表役員の候補者である責任役員と「特別の利害関係がある事項」にあたるのでしょうか。

Ａ　Ｘ宗教法人責任役員会の代表役員を互選する決議事項は、Ａ氏が代表役員の候補者となっていても、Ａ氏と「特別の利害関係を有する事項」にはあたりません。したがってＡ氏が決議に参加してなされた本件決議は有効に成立しています。

解　　説

1　宗教法人法21条2項「特別の利害関係がある事項」

宗教法人法21条2項は「責任役員は、その責任役員と特別の利害関係がある事項については、議決権を有しない」と定めています。責任役員は、善管注意義務をもって宗教法人の事務を行う義務を負っています。この責任役員の善管注意義務を担保するために、法人の利益を犠牲にして責任役員の個人的利益を優先するおそれのある事項においては、議決権を有しないことと定められています。

では、責任役員会で代表役員を選任する決議を行う場合、この決議は代表役員の候補者となっている責任役員と「特別の利害関係がある事項」に該当するのでしょうか。この点について争われたのが最1小判昭和53年11月30日判タ378号89頁です。

2 「特別の利害関係がある事項」の解釈

上記判例は、「宗教法人法21条2項および同法18条2項の規定によれば、責任役員が代表役員を互選する場合において、その責任役員が代表役員の候補者に擬せられているときでも、議決事項につき特別の利害関係を有する場合にはあたらないと解するのが相当であり、同法21条2項を模した宗教法人S寺規則16条2項および代表役員の選定につき責任役員の互選による方法をとらずT宗の教師のうちから責任役員がこれを選定すべきものと定める同規則8条の解釈としても、責任役員は、誰を代表役員とするかを決議するにつき、自己がその候補者に擬せられているときでも、同規則16条2項にいう特別の利害関係を有する者として議決権の行使を否定されるものではないと解するのが相当である。これと同趣旨の原審の判断は正当として是認することができ、その過程に所論の違法はない」と判断しました。なお、原審（東京高判昭和53年2月28日）では、代表役員の候補者となった責任役員の立場は、代表役員解任決議の場合における当該代表役員の立場とは異なり、公正な議決権の行使を期待することができないほどの利害相反的関係にあるとは考えられないこと、また代表役員の候補者である責任役員の決議参加資格を否定すると実際上法18条2項に定めている互選による代表役員の選任が困難となる事態をも生じかねないこと、を理由としています。

3 結　論

上記の判例によれば、X宗教法人責任役員会の代表役員を互選する決議事項は、A氏が代表役員の候補者となっていても、A氏と「特別の利害関係を有する事項」には該当しません。

したがって、A氏が決議に参加してなされた本問の決議は有効に成立しています。

Q 11　責任役員会決議の効力を裁判で争う場合の相手方

? **私はX宗教法人の責任役員を務めていますが、先日やむを得ない理由で責任役員会を欠席したところ、その役員会において宗教法人法に違反した決議がなされました。そこで決議の効力を裁判で争いたいと考えているのですが、誰を相手（被告）としていかなる訴訟を提起すればよいのでしょうか。**

A　**責任役員会決議の効力を裁判で争いたい場合、X宗教法人を被告として、責任役員会決議無効確認訴訟を提起することになります。**

解　　説

1　責任役員会決議の効力を争った裁判例

株式会社において、株主総会決議の内容が法令に違反するとしてその決議の効力を争う場合には、会社法830条2項、834条16号により、会社を被告として、株主総会決議無効確認の訴えを提起することになります。

他方、宗教法人において、責任役員会決議が法令に違反することを理由にその効力を争いたいと考えても、宗教法人法上規定がありません。

この点について、福岡高判昭和53年3月29日[16]は「右決議（筆者注：責任役員会決議）のもたらす法律効果の性質上、他にも各種の紛争を生ずるおそれが予測されるので、それら各種紛争の抜本的解決のために、本件決議の有効・無効が有権的に判定されることの必要性が十分に肯認できる。そして、本件訴がこのような紛争の抜本的解決に

16　本件は、宗教法人Aが、その責任役員会でなされたAと包括宗教法人Bとの包括関係を廃止する旨の決議が、実質的に議決権の濫用であり、法的に許容されず、また手続にも重大な瑕疵があるとして、責任役員らを被告として、責任役員会決議の無効確認の訴えを提起したものである。

役立つためには、その決議の有効・無効についての判定が、画一的に対世的な効力を有するものとして把握されるものでなければならない」とした上で、「判決の効力が広く第三者に及ぶような、いわゆる処分権主義、弁論主義の例外を認める訴については、法律上その根拠を必要とするところ、宗教法人の責任役員会議の決議については宗教法人法その他に特別の定めもなく、また他の法律を準用する規定もないが、その必要があること前示のとおりであるから、その性質上、株主総会の決議無効確認の訴に関する商法252条（筆者注：現会社法830条2項、834条16号）の規定を類推適用して、これを許容すべきものと解するのが相当である。そして、かかる対世的効力を有すると認められる前記決議の無効確認訴訟の提起については商法252条の類推解釈からして、右宗教法人の代表役員、責任役員等その他右議決につき直接の利害関係を有する者（右決議の効力如何によってその地位が左右される者を含む）が原告となり、右決議による意思決定の帰属主体たる宗教法人（当該法人は自己の機関の決定に当然に従わなければならない）それ自体を被告としてなされることが必要であると解する」と判示しました。

2 結　論

上記裁判例によれば、責任役員が責任役員会決議の効力を裁判所で争う場合、株主総会の決議無効確認の訴に関する会社法830条2項、834条16号の規定を類推適用して、責任役員自身が原告となり、X宗教法人を被告として、責任役員会決議無効確認訴訟を提起することになります。

Q 12　登記と権利外観法理

? 当寺院において代表役員が変更となり、私が新しく代表役員の地位に就任して1年経過しましたが、代表役員の変更登記を失念しておりました。そうしたところ、旧代表役員Y氏が、登記上の代表役員が自分名義のままであることを利用して、当寺院名義でX氏から多額の借入れをしていたようで、X氏が当寺院に対して貸金の返還を求めてきました。当のY氏は現在行方知れずになっています。この借入れは、当寺院の他の者はまったく知らされておらずY氏が無断で行ったものなのですが、それでも当寺院はこの借金を返済する義務を負うのでしょうか。

A　貴院で適正な借入れに関する手続を行っていない以上、当該借入れは無効となるのが原則です。しかし、常に貸主にこの借入れの無効を主張できるわけではなく、事情によっては貴院が当該借金を返済する義務を負う場合もあります。

解　　説

1　宗教法人が借入れを行う場合の寺院内部手続

宗教法人が借入れをしようとする場合、責任役員会に諮る（法19条）ほか、規則で定める手続を履践し、借入れを行う少なくとも1か月前に、信者その他の利害関係人に対してその行為の要旨を示してその旨を公告しなければなりません（ただし、当該会計年度内の収入で償還する一時の借入れを除きます）（法23条2号）。その上で、代表役員が宗教法人を代表して金銭消費貸借契約を締結することで、借入れの効果が宗教法人に帰属します。

本問では上記の手続を履践していないばかりか、寺院において何らの権限も持たないY氏が当寺院を代表して無断で借入れを行っているのですから、本件の借入れは無効であり当該寺院に法的効果が帰属しないのが原則です。

2　権利外観法理

しかし、Y氏に貸付けをしたX氏からみると、宗教法人の登記にY氏が代表役員として記載されているのを確認し、宗教法人の行為であることを信頼して貸付けの手続を行ったのに、その宗教法人から「貸付けは無効だから返済する義務はない」と主張され、宗教法人に対して全く請求ができないとなると、あまりにX氏に酷であるとも思われます。

このような場合に、いわゆる「権利外観法理」という考え方に基づいて、Y氏が保護される場合があります。

「権利外観法理」とは、真の権利者に、自分以外の者が権利者であるかのような虚偽の外観を作り出したことについて帰責性が認められる場合、その外観を信頼した第三者を保護するために虚偽の外観どおりの法律上の効果を認める法理のことをいいます。

権利外観法理はさまざまな法律の条文にあらわれており、虚偽表示における善意の第三者保護（民法94条2項)、表見代理（民法109条、110条、112条)、表見支配人（商法24条)、名板貸責任（商法14条)、表見代表取締役（会社法354条)、そして、登記に関する規定では、登記の効力（会社法908条2項)、登記の効力（一般社団法人及び一般財団法人に関する法律299条2項）があります。

上記の権利外観法理が具体化された条文のうち、登記について定めた会社法908条2項、及び一般社団法人及び一般財団法人に関する法律299条2項は同じ内容であり、いずれも次のとおり定めています。

> 2　故意又は過失によって不実の事項を登記した者は、その事項が不実であることをもって善意の第三者に対抗することができない。

この条項について「善意」とは不実の登記であることを知らないことをいい、たとえ登記事項が真実の実体関係に合致していない場合でも、その登記を信頼した者を保護する趣旨[17]から、このように定められています。

会社法908条２項は会社に関する登記、一般社団法人及び一般財団法人に関する法律299条２項は一般社団法人及び一般財団法人に関する登記を定める規定であり、宗教法人法にはかかる規定はありません。したがって、宗教法人に関してこれらの規定を直接適用することはできません。

しかし、登記の効力も含めた権利外観法理に関する規定の基礎となる考え方は、宗教法人においても妥当します。本問では、宗教法人における代表役員に変更が生じており、本来であれば２週間以内に変更登記をしなければならないところ（法53条）、１年間にわたり失念していたため代表役員の登記が実際の代表役員と合致していない場合であり、X氏がその登記を確認した上で貸付けを行った場合には、権利外観法理によりX氏を保護すべきといえそうです。

もっとも、権利外観法理は、虚偽の外観を信頼した者を保護するための法理ですから、第三者が虚偽の外観であることを知っていた場合や、注意さえしていれば虚偽の外観であることに気付けたなど第三者に落ち度がある場合のように、第三者に保護に値しない事情がある場合は、同法理は適用されません。

本問の争いが裁判に持ち込まれた場合、貴院側の事情や、X氏側の事情などの具体的な事情によって同法理の適用の是非が決せられることになるものと考えられます。その結果、場合によっては、X氏の貴院への請求が認められ、貴院が当該借金を返済する義務を負う可能性もあります。

このような事態を避けるためにも、登記をしなければいけない事項に変更が生じた場合には、すみやかに変更登記を行うようにしましょう。

17　江頭憲治郎他１名編著『論点体系会社法〈第２版〉６』（第一法規、2021年）

Q 13　宗教法人の合併手続

檀徒数が減少しているため、宗教法人の合併を検討しています。その場合の手続について教えてください。

A　宗教法人を合併するに際しては、宗教法人法に定められた以下のような手続の流れになります。

(1)　規則に定められた合併手続の履践（責任役員会の議決等）
(2)　合併の公告
(3)　財産目録及び貸借対照表の作成
(4)　債権者に対する公告と催告
(5)　被包括関係の設定・廃止をする場合の手続の履践
(6)　合併の認証申請
(7)　所轄庁による書類審査と合併認証
(8)　合併認証書の交付
(9)　登記手続

解　　説

1　宗教法人の合併

宗教法人の合併とは、二つ以上の宗教法人が一つの宗教法人になることをいいます（法 32 条）。合併には、吸収合併と新設合併の２種類があります。

吸収合併とは、合併する宗教法人の一つが存続し、他方の宗教法人がこの宗教法人に併合される場合をいいます。新設合併とは、合併する宗教法人がすべて消滅して新たに別の宗教法人を創設する場合をいいます。

2　宗教法人の合併手続

⑴　規則に定められた合併手続の履践（責任役員会の議決等）

宗教法人が合併しようとする場合、まず合併しようとする宗教法人間で合併契約書を作成します。合併契約書には、合併に係る基本事項を定めます[18]。次に、規則に定められた手続に従って宗教法人としての合併の意思決定を行います（法34条1項）。合併は宗教法人にとって重大事項ですから、通常よりも手続要件を加重する規定が置かれている場合（総代会及び責任役員会において各々定数の３分の２以上の議決を経て、○○宗の代表役員の承認議決が必要等）が多いのですが、そのような規定が置かれていない場合には、原則どおり責任役員の定数の過半数で合併の可否を決することになります（法19条）。

⑵　合併の公告

合併は、当該宗教法人の信者その他の利害関係人にとっても重大な影響を及ぼします。そのため、宗教法人が合併をしようとするときは、信者その他の利害関係人に対し、合併契約の案の要旨を示してその旨を公告しなければなりません（法34条1項）。また、新設合併の場合は、合併しようとする各宗教法人が選任した者が共同して新しい規則を作成し、合併の認証申請の少なくとも２か月前に信者その他の利害関係人に対して規則の案を示して、合併によって新宗教法人を設立しようとする旨を公告しなければなりません（法35条２項、３項）。

⑶　財産目録及び貸借対照表の作成

次に宗教法人は、公告をした日から２週間以内に、財産目録を作成しなければなりません。また、公益事業や公益事業以外の事業を行う場合には、それらの事業の運営状況を確認しやすくするために貸借対照表を作成しなければなりません（法34条２項）。

18　合併契約書には、合併の形式（吸収又は新設）、合併後の新宗教法人の基本事項（名称、目的、事務所、役員の人数・任免、被包括関係、財産等）、合併により消滅する宗教法人の役員、信者、財産等の取扱い、合併する宗教法人の財産処分等の取扱い、契約の変更・解除に関する事項、契約の効力発生日、その他契約条項にない事項の取扱いなどを定める。

(4) 債権者に対する公告と催告

合併が行われると、合併する宗教法人の権利義務がすべて存続する宗教法人に承継されるため、それぞれの債権者の利益を保護する必要があります。そこで、宗教法人は、公告をした日から２週間以内に、それぞれの債権者に対し合併に異議があればその公告の日から２か月を下らない一定の期間内にこれを申し述べるべき旨を公告するとともに、把握している債権者に対して個別にその旨を催告します（法34条３項）[19]。

(5) 合併により被包括関係の設定・廃止をする場合の手続の履践

宗教法人が、合併に伴って被包括関係を設定又は廃止しようとする場合には、合併の認証申請の少なくとも２か月前に信者その他の利害関係人に対して、被包括関係の設定又は廃止に関する規則の変更の要旨を示して、被包括関係を設定又は廃止する公告を行います（法36条）。この公告は、合併の公告とあわせて行ってもよいとされています（法37条）。

(6) 合併の認証申請

宗教法人は、以上の手続を行った後、所轄庁に合併の認証を申請します（法38条１項）[20]。

(7) 所轄庁の書類審査と合併認証

宗教法人から合併の認証申請がなされると、所轄庁は必要書類が添付されているか等形式的な審査を行った後、受理した場合には、その旨を申請した宗教法人に通知します。その上で、次の要件を具備しているかを審査し、認証又は不認証の決定をします。

① 宗教法人法や規則に従って手続がなされていること。

② 吸収合併により存続する宗教法人が規則を変更する場合や、新設

---

19 債権者が期間内に異議を申し述べた場合は、宗教法人は、借金を返済するか相当の担保を供するか、又は債務の弁済のために相当の財産を信託銀行等に信託しなければならない。ただし、合併をしても、債務の弁済のために十分な抵当権が設定されているなど債権者を害するおそれがないときは、弁済等の必要はない（法34条４項）。

20 合併の認証申請に必要な書類については法38条１項を参照のこと。

合併の場合に新しく設立される宗教法人の規則が、宗教法人法その他の法令に適合していること。

③　新設合併の場合に成立する団体が、法２条に定める宗教団体であること。

⑻　合併認証書の交付

所轄庁が認証の決定をしたときには、認証申請を行った宗教法人に認証書を交付します。

合併の認証申請は、認証を申請した宗教法人のうちの一つに対してすれば足りるとされています（法39条３項)。

⑼　登記手続

合併の認証書が交付されたときには、受領日から２週間以内に、主たる事務所の所在地において、合併後存続する宗教法人については変更の登記をし、合併により解散する宗教法人については解散の登記をし、合併により設立する宗教法人については設立の登記をしなければなりません（法56条)。合併は登記の完了によってその効力が生じます（法41条)。

この登記を行った後、登記事項証明書を添付してその旨を所轄庁に届け出て合併手続は終了となります（法９条)。

Q 14　宗教法人の解散手続

？ 弊寺では、住職を継ぐ者もおらず檀家数も減少してきたため、宗教法人を解散することを検討しています。その場合の手続について教えてください。

A　宗教法人を解散するに際しては、宗教法人法に定められた以下のような手続の流れになります。

⑴　規則に定められた解散手続の履践（責任役員会の議決等）
⑵　解散の公告
⑶　解散の認証申請
⑷　所轄庁の書類審査と解散認証
⑸　解散認証書の交付
⑹　清算人の選任
⑺　解散登記及び清算人就任登記、解散届の提出
⑻　清算人による清算手続
⑼　清算結了登記と清算結了届の提出

解　　説

1　宗教法人の解散

宗教法人の解散とは、宗教法人の目的である宗教活動を停止し、財産関係を清算する手続に入ることをいいます。住職を継ぐ者がいない場合や檀家数が減少してしまった場合等には、まず同じ宗派の他の寺院との合併が考えられるところですが、それでも解散の手続をとることになった場合には、宗教法人法に定められた手続を履践することになります。以下、宗教法人の任意解散の手続の流れについて説明します。[21]

21　宗教法人の解散には、任意解散の他に法定解散があり、法定解散事由は法43条２項に列記されている。

2　宗教法人の解散手続

(1)　規則に定められた解散手続の履践（責任役員会の議決等）

宗教法人が解散しようとする場合、まず、規則に定められた手続に従って宗教法人としての解散の意思決定を行います（法44条２項）。解散は宗教法人にとって重大事項ですから、通常よりも手続要件を加重する規定が置かれている場合（総代会及び責任役員会において各々定数の３分の２以上の議決を経て、○○宗の代表役員の承認議決が必要等）が多いのですが、そのような規定が置かれていない場合には、原則どおり責任役員の定数の過半数で解散の可否を決することになります（法19条）。

(2)　解散の公告

解散は、当該宗教法人の信者その他の利害関係人にとって重大な影響を及ぼします。そのため、宗教法人が解散をしようとするときは、信者その他の利害関係人に対し、解散に意見があればその公告の日から２か月を下らない一定の期間内にこれを申し述べるべき旨を公告しなければなりません（法44条２項）。そして、公告に記載された一定の期間内に、信者その他の利害関係人が解散に関して意見を述べたときは、宗教法人はその意見を十分に考慮して解散の手続を進めるかどうかについて再検討しなければなりません（法44条３項）。

(3)　解散の認証申請

信者その他の利害関係人から意見の申出がなされずに意見の申出期間が経過すると、宗教法人は、所轄庁に対し必要書類[22]を提出して解散の認証を申請します（法45条）。

(4)　所轄庁の書類審査と解散認証

宗教法人から解散の認証申請が所轄庁に提出されたときは、所轄庁は必要書類が具備されているかなどの形式的な審査を行い、問題がな

22　解散認証申請書に、解散の決定について規則で定める手続を経たことを証する書類と公告をしたことを証する書類を添付しなければならない（法45条）。

ければ認証申請を受理し、その旨を認証申請した宗教法人に通知します。所轄庁は、規則規定の手続が行われたか否か及び公告がなされたか否かについて審査し、手続が適法になされていると判断したときは、解散の認証を行います。

(5) 解散認証書の交付

所轄庁は、解散の認証を行ったときは、認証申請を行った宗教法人に対して認証書を交付します。任意解散の効力は、解散に関する認証書の交付によって生じます（法47条）。

(6) 清算人の選任

宗教法人が解散したときには清算人が置かれますが、規則に清算人の定めがある場合や代表役員又はその代務者以外の者を清算人に選任した場合でない限り、代表役員（又はその代務者）が清算人となります（法49条1項）。

(7) 解散登記及び清算人就任登記、解散届の提出

解散の認証書の交付を受けた日から２週間以内にその宗教法人の主たる事務所の所在地において、解散の登記及び清算人就任の登記をしなければなりません（法57条）。解散の登記及び清算人就任の登記がなされたときは、遅滞なく登記事項証明書を添えて所轄庁に届出をします（法９条）。

(8) 清算人による清算手続

清算人は、終結していない事務を完了させ、未受領の債権の取立てや未払いの債務の弁済を行います。さらに残余財産があればその引渡しを行います（法49条の２）。残余財産の処分は、合併及び破産による解散の場合を除き、規則に定めるところによります（法50条１項）。規則に定めがないときは、他の宗教団体又は公益事業のために財産を処分することができます（同条２項）。それでも残った財産は国庫に帰属することになります（同条３項）。

(9) 清算結了登記と清算結了届の提出

清算人が清算を結了させたときに、清算決了の日から２週間以内に、主たる事務所の所在地において清算結了の登記を行う（法58条）とともに、所轄庁に清算結了届を提出します。これで解散手続は終了となります。

◇◇ 第 2 章 ◇◇

寺院内部の法律問題

弁護士　北村 亮典

Q 1　住職就任後の手続

? 私の父は寺院の住職ですが、そろそろ私に住職の地位を承継したいと言っています。私が住職に就任するにあたって、あるいは就任後にどういった手続が必要になりますか。

A　寺院規則等の定めに従って住職への就任手続を行うとともに[23]（寺院が属する包括宗教法人において要求されている手続があれば、それも行います）、宗教法人の代表役員への就任手続を行う必要があります。

代表役員就任後は、代表役員の変更の登記手続を行うとともに、所轄庁への届出が必要となります。

解　説

1　住職の地位と宗教法人における代表役員

住職は、一般的に寺院を代表する役職とされていますが、これはあくまでも宗教上の地位であり、必ずしも宗教法人法における代表役員と一致するものではありません。

法的に寺院を代表する立場に就くためには、住職に就任するとともに、宗教法人法及び寺院規則に定める代表役員への就任手続も必要になります。

代表役員には、必ずしも宗教上の役職にある者を充てる必要はありませんが、被包括宗教法人である寺院においては、「この法人の代表役員は、この寺院の住職の職にある者をもって充てる」と規則に定め

23　住職の資格、任免は寺院規則の絶対的記載事項ではない。寺院規則に住職の選任手続について定められていない場合には、包括宗教法人において、住職の就任資格や就任手続を定めている場合があるので、そのような場合は包括宗教法人の定めに従うことになる。住職への就任手続の詳細が分からない場合は、所属する包括宗教法人へ問い合わせることも考えられる。

てある場合が多く、住職が代表役員の地位に就くことが通例となっています。

したがって、以下、住職に就任するとともに代表役員の地位に就くという前提で、代表役員への就任手続について説明します（なお、宗教法人法で定める代表役員、責任役員等の組織については、**第1章****Q3**参照。）。

2　住職（代表役員）への就任手続

(1)　代表役員への就任手続

代表役員への就任手続は、寺院規則に定めがあればその定めに従って行いますが、定めがない場合は、責任役員の互選によって選定をすることになります（宗教法人法（以下、本章において「法」といいます）18条2項）[24]。

住職の役職者をもって代表役員に充てる場合には、住職についての資格、選任方法及び任期等についても規則や内規などに明確にしておくべきです。

(2)　変更登記の手続

宗教法人法において、代表役員の住所、氏名を登記しなければならないとされています。また、代表役員の変更が生じた場合は、2週間以内に、変更の登記をしなければならないとされていますので、代表役員の就任後2週間以内に法務局に変更登記の手続をすることが必要です（法52条2項6号、53条）。

(3)　所轄庁への代表役員変更届

代表役員の変更登記をしたときは、遅滞なく、登記事項証明書を添えて、その旨を所轄庁に届け出なければならないとされていますので（法9条）、この手続も必要です。

24　寺院の包括宗教法人である宗派など特定の機関の同意や推薦が必要となる場合には寺院規則にその旨の定めがされていることから、寺院規則に定められたそれらの手続も適正に履践すべきである。

なお、届出をする所轄庁は以下になります。

同一都道府県内にのみ境内建物を備える宗教法人	当該都道府県知事
主たる事務所が所在する都道府県と同一の都道府県内にのみ被包括宗教法人がある包括宗教法人	当該都道府県知事
上記以外の宗教法人	文部科学大臣

Q2　宗教法人の備付書類・記録

? 宗教法人である寺院にはどのような書類や記録を備え付けておくことが義務付けられているのでしょうか。住職を承継したのに書類や記録が足りていない場合、どうしたらよいのでしょうか。

A 宗教法人の事務所に常に備え付けておくことが義務付けられている書類や帳簿は、法25条2項に定められています。

これらの書類等を紛失した場合、①所轄庁に問い合わせて謄本の交付を請求する、②税理士に会計書類の写しの有無を問い合わせる、③包括宗教法人へ過去に届け出た記録のコピーを求めるといった手段が考えられます。

解　　説

1　宗教法人が備え付けておくべき書類

宗教法人の事務所には、常に、次に掲げる書類又は帳簿を備え付けることが義務付けられています（法25条2項）[25]。

⑴　規則及び認証書（法25条2項1号）

宗教法人は、法人運営の適法性が常時確認できるよう、所轄庁の認証を受けた規則[26]及びそれを証明する認証書を事務所に備え付ける必要があります。

25　法25条1項、2項に違反して同各項に規定された書類、帳簿の作成や備付けを怠ったときは、代表役員、その代務者、仮代表役員等は10万円以下の過料に処せられることとされている。また、虚偽の記載をしたときも同様である（法88条4号）。

26　規則に掲げる事項については、法12条1項を参照。

⑵　役員名簿（法 25 条２項２号）

宗教法人の運営は、責任役員等により行われますので（法 18 条、19 条）、常に、誰が役員であるかを確認できるよう、役員名簿を事務所に備え付ける必要があります。

⑶　財産目録及び収支計算書（法 25 条２項３号）

宗教法人は、財産目録[27]及び収支計算書の作成が義務付けられていますが（法 25 条１項）、このうち収支計算書については、公益事業以外の事業を行っていない法人で、その一会計年度の収入が 8,000 万円以内の場合は、当分の間、作成しないことができます（法附則 23 項）。ただし、この場合においても、収支計算書を作成している場合にはこれを事務所に備え付ける必要があります（法附則 25 項）。

⑷　貸借対照表（法 25 条２項３号）

宗教法人は、貸借対照表を作成している場合は、これを事務所に備え付ける必要があります。

⑸　境内建物（財産目録に記載されているものを除く）に関する書類（法 25 条２項４号）

賃貸借や使用貸借等により他者から借りて使用している建物については財産目録に記載されていないため、別に書類を作成して事務所に備え付ける必要があります。

⑹　責任役員その他規則で定める機関の議事に関する書類（法 25 条２項５号）

「責任役員その他規則で定める機関の議事に関する書類」とは、責任役員会の議事録や責任役員会以外の規則で定める機関（総代会など）の議事内容が記載された書類のことです。宗教法人は、その運営における意思決定の内容や経過等に関する証拠資料として、責任役員会等

27　財産目録とは、一定の時期における宗教法人の資産と負債のすべてを一覧表に記したもので、設立時及び毎会計年度終了後３か月以内に作成しなければならない（法 25 条１項）とされている。

の議事録を事務所に備え付ける必要があります。

⑺　事務処理簿（法25条2項5号）

宗教法人は、その運営管理に関する事務を処理した経過を簡潔に記録して、後日の参考資料として、事務所に備え付ける必要があります。

⑻　事業に関する書類（法25条2項6号）

宗教法人は、公益事業その他の事業（法6条）を行う場合には、当該事業に関する書類を作成して、事務所に備え付ける必要があります。

⑼　その他の書類、帳簿

上記⑴ないし⑻の書類等以外については、宗教法人法上は義務付けられていませんが、「規則の施行細則」、「法人の登記事項証明書」、「信者名簿」等の書類、帳簿を備え付けておくことが望まれます。

2　備付けが必要な書類が紛失している場合の対応

⑴　所轄庁への問合せ

宗教法人は、毎会計年度終了後4か月以内に、前記 1 で説明した宗教法人の事務所に備え付けるべき書類の写しを所轄庁に提出しなければならないとされています[28]（法25条4項）。

万が一、寺院にこれらの書類が見あたらなかった場合、このうち、規則や認証書については所轄庁（各都道府県等）に問い合わせて、謄本の交付を受けることができます。その他の書類についても、所轄庁に謄本の交付が受けられるかどうかを問い合わせるのがよいでしょう。

⑵　会計事務所への問合せ

財産目録や収支計算書、貸借対照表といった寺院の会計にかかわる書類については、会計事務所に作成を依頼している寺院の場合、会計

28　「規則及び認証書」及び「責任役員その他規則で定める機関の議事に関する書類及び事務処理簿」を除く。

事務所においてその写しを保管している可能性があります[29]。したがって、会計事務所に過去の書類の写しを交付してもらうよう問い合わせるのがよいでしょう。

(3) 包括宗教法人への問合せ

包括宗教法人に属する寺院の場合、規則等の重要な書類については、包括宗教法人に届け出ている場合もあります。したがって、所属する包括宗教法人に対して、過去に届け出た書類の写しを交付してもらえるか問い合わせるのがよいでしょう。

29 税理士法41条において、「税理士は、税理士業務に関して帳簿を作成し、委嘱者別に、かつ、一件ごとに、税務代理、税務書類の作成又は税務相談の内容及びそのてん末を記載しなければならない」こととし、その帳簿の閉鎖の日から5年間これを保存しなければならないこととされている。

Q3　寺院の後継者問題

私は宗教法人である寺院の住職ですが、高齢になって病気がちになり、寺院の運営が困難になってきました。しかし、後継者となるような者がいません。廃寺にはしたくないのですが、どうしたらよいでしょうか。

A

住職の病気等で寺院の運営が困難になった場合、まずは、寺院規則に従って「代務者」を選任し、他の引継ぎ手が見つかるまで寺院の運営を行ってもらうことが考えられます。

後継者を探す方法としては、包括宗教法人の本部や地域の支所・宗務所に相談する、地域の寺院等に寺院に入ってくれる人を探してもらうなどの方法が考えられます。

解　説

1　代務者とは

宗教法人を管理運営する組織については法18条以降に定められており、3人以上の責任役員と、責任役員の中から選ばれた1人の代表役員の設置が必須となっています（法18条1項）。

もし、これら役員を死亡や病気等で欠くような事態が起こってしまった場合、臨時的に設置されるのが代務者というものです。

代務者とは、法人の役員が死亡の他何らかの事由で欠けた場合、又は病気等によって3か月以上職務を行うことができない場合に置かれる代行機関のことをいいます（法20条）。この代務者には、代表役員代務者と責任役員代務者とがあり、このうちの代表役員代務者については、代表役員と同様に登記事項となっています。代務者の職務権限は、規則に別段の定めのない限り、通常の代表役員・責任役員と同様です。

もし住職が病気等でこの先当分の間職務を行うことができないこととなり、また、新たな住職等の候補がすぐに見つからないような場合、寺院規則の手続に従って代務者を選任して、他の引継ぎ手が見つかるまで寺院の運営を行ってもらうということが考えられます。

この代務者や後継者を探す方法としては、包括宗教法人の本部や地域の支所・宗務所に相談する、地域の寺院等に寺院に入ってくれる人を探してもらうなどの方法が考えられるでしょう。

2　後継者が見つからなかった場合（宗教法人の解散及び合併）

万が一、寺院の後継者が見つからず寺院の存続ができない場合には、宗教法人の解散又は他の宗教法人との合併という方法が考えられます。

解散とは、宗教法人としての法人格を消滅させることをいいます。

宗教法人法が定める解散の手続は２種類あり、宗教法人が自ら解散を決定して法人格を消滅させる手続である「任意解散」（法43条１項）と、破産手続開始決定や所轄庁の認証の取消など、法が定める一定の事由に該当した場合に行われる「法定解散」（法43条２項）の２つの手続があります。

他方、合併とは、２つ以上の宗教法人が一つの宗教法人になることをいいます（法32条）。合併の手続も２種類あり、合併する宗教法人の一方が存続し、他方がこれに併合される「吸収合併」（法35条１項）と、合併を行う宗教法人すべてが消滅して新たに別個の宗教法人を創設する「新設合併」（法35条２項）の２つの手続があります（解散及び合併の手続の詳細については**第１章Q13**及び**Q14**参照。）なお、１年以上にわたって代表役員及びその代務者を欠いている場合には、その法人は解散命令の対象となります（法81条１項４号）ので、注意が必要です。

Q4　後継者との養子縁組

？ 私には血縁者がいないため、当寺院の後継者となる方を紹介してもらいました。後継者とは今後しっかりとした関係を築いて寺院を引き継いでもらいたいと思っています。後継者と家族のような関係を築く制度はありますか。

A　後継者となる方と養子縁組をして住職の地位を引き継ぐという手段が考えられます。

解　説

1　後継者との養子縁組

住職という地位は、必ずしも世襲制ではないものの、多くの寺院では子が引き継ぐということが行われています。

そのため、子がいない住職の場合や、又は、子がいても寺を継がない場合において、他に後継者となるべき者がいる場合に、その者と住職が養子縁組をして住職の地位を引き継ぐという方法も検討の余地があります。

そこで、以下、養子縁組の手続と、養子縁組をした場合の注意点について説明します。

2　養子縁組とは

「養子縁組」とは、血縁関係のない者の間に法的に親子関係を発生させる制度です（民法792条）。養子縁組をすることによって、法的に実の親子関係と同様の親子関係が認められます[30]。

3　養子縁組の手続

養子縁組は、養親となるべき者（住職）と、養子となるべき者（後継者）が養子縁組届に署名・押印して役所に届出をすることにより効力が生じます。

養親又は養子に配偶者がいる場合は配偶者の同意が必要です。また、養子が未成年者である場合には、家庭裁判所の許可が下りていること[31]、加えて、養子が15歳未満の場合は法定代理人の承諾があること等も必要です。

4　養子縁組をした場合の注意点（養子縁組の解消）

住職が後継者となるべき者を養子にしたものの、その後事情が変わってこの養子が後継者にはならないという事態が生じることも想定されます。

このような場合、養子縁組を継続する必要はないということになるでしょうから、養子縁組を解消するということが考えられます。

養子縁組の解消は、養親と養親が合意して離縁届を役所に提出することにより行うことが可能です。

しかし、例えば養子側が養子縁組の解消を拒絶し、離縁届の提出を拒んだような場合はどうなるでしょうか。

このような場合、家庭裁判所に離縁を求める調停の申立てを行う必要があります。調停で離縁が成立せず、調停が不成立となった場合[32]には、さらに、離縁を求める訴訟を起こす必要があります。

万が一、訴訟まで至ってしまった場合に、当然に離縁が認められるというわけではなく、裁判所に「縁組を継続し難い重大な事由がある」

30　養子縁組には「普通養子縁組」と「特別養子縁組」の２つの種類があるが、大きな違いは、特別養子縁組の場合には、生みの親（実親）と養子との間の法的な親子関係が消滅するという点である。

31　養子が自分や配偶者の直系卑属の場合は不要である。

32　「調停」とは、家庭裁判所において話合いによりお互いが合意することで紛争の解決を図る手続である。そのため、お互いが合意できなければ、調停は不成立となり終了することになる。

（民法814条1項3号）と認められる必要があります[33]。

寺院の後継者とすることを目的とした養子縁組であったにもかかわらず、後継者とならないということは、縁組を継続しがたい重大な事由に該当すると判断される可能性はあります。他方で、養子が後継者から外れた理由がもっぱら住職の責めに帰すべき事由にあるとか、養子縁組がされた後に養親子としての精神的経済的な生活共同体が築かれていたような場合は、離縁が認められないという可能性もあります。

したがって、養子縁組の解消をする場合は、できる限り協議によって穏便に解消ができるよう努めるべきです。

33　この他、他の一方から悪意で遺棄されたとき、他の一方の生死が3年以上明らかでないとき、も離縁が認められる事由である（民法814条1項1号、2号）。

Q５　寺族の保護の問題

？ 先代の住職とその妻が、住職退任後も当寺院の境内内の平屋住宅に住んでいましたが、先代の住職が１年前に亡くなりました。その後も先代の住職の妻のみが居住し続けていますが、先代の住職の妻は、今は当寺院とはまったく関わりがありません。この住宅は当寺院が所有しておりますが、このような状況で今後も無償で先代の住職の妻に居住を続けさせることは妥当なのでしょうか。

A　宗教法人と先代の住職及びその家族との間で、寺院所有の建物を先代の住職とその家族の生涯にわたっての住居として使用することを目的とする使用貸借契約が締結されたとして、生涯居住を続けることができる、と判断された裁判例があります。

解　説

1　住職とその家族が寺院内の建物に居住することの法的な意味

住職とその配偶者や子ども（本書では、住職の配偶者と子を合わせて「寺族」といいます）は、住職の地位にある間は、寺院の境内内にある建物に無償で住んでいるということが一般的です。

これを法律的にみると、寺院の境内内の建物は、通常は宗教法人の所有物であり、住職は宗教法人から当該建物を無償で借りて住んでいることになります。このような無償での使用・収益をする関係を民法では使用貸借（民法593条）といい、宗教法人と住職との間で建物の使用貸借契約が成立しているということになります[34]。

この使用貸借契約というのは、契約書などを取り交わさなくても効

34　使用貸借契約に対して、毎月賃料等を支払って有償で建物を使用することを賃貸借契約という。

力が発生するものですが、民法597条により、以下の場合に終了すると定められています。
① 当事者が使用貸借の期間を定めたときは、その期間の満了時
② 当事者が使用貸借の期間を定めなかった場合において、使用及び収益の目的を定めたときは、その目的に従った使用及び収益の終了時
③ 借主の死亡時

このように、建物の使用に関する使用貸借契約がいつまで続くかということは、宗教法人と住職の間で期限や目的を定めていたかということがまず重要ですが、もし契約書等で期限等が定められていない場合は、通常は、住職たる地位の退任時を期限としているものと解釈することになるでしょう。

2 寺族の保護の問題

以上のように、一般的には、住職がその地位にある限りは、寺院の建物に寺族とともに居住を続けるということになるでしょう。

しかし、住職が亡くなってしまい、住職の家族とは無関係の第三者が住職の地位を引き継いだ場合に、寺族がそのまま寺院の建物に無償で居住を継続できるかという問題が生じます。

3 寺族の保護を認めた裁判例

このような場合に寺族の保護が争われたのが、東京地判平成28年9月8日ウエストロー・ジャパン平成27年（ワ）5109号の事例です。

この事例では、先代の住職の妻が、夫の死亡後も寺院内の建物に居住を続けていたところ、後任の住職により退去を求める訴訟を起こされたという事案です[35]。

このような事例で、裁判所は、宗教法人と、前住職及びその妻との間に、生涯寺院内の建物に居住することを内容とする使用貸借契約が

35 建物の所有権は宗教法人にあるため、原告となったのは宗教法人である。

成立していると判断しました。

裁判所がこのような判断をするにあたって重視した事実は、主に以下の点です。

- 前住職の妻は、前住職と昭和46年に結婚後、坊守として、境内地内の平家の古い建物に居住し、長年にわたって前住職とともに寺務に従事してきた。
- 上記平家が老朽化しており、檀家からの勧めもあったことから、前住職は、平成10年頃、宗教法人の費用で建物を新築した。
- この当時、前住職は約77歳で妻は約66歳であったこと、前住職は、後任の住職に引き継いだ後も、後任とともに経を読むこともあり、また、妻も前坊守となった後も寺務等を行い、さらに、前住職が死亡した後も、寺の前坊守として寺の仕事をし、この間、建物に居住し続けていたことについて、後任の住職、責任役員及び檀家等からその居住に異議が述べられることはなかった。
- 同寺の属する包括宗教法人の規則においては、住職の配偶者を坊守とし、前任の坊守も含め、教法を聞信し、檀信徒との交流を密にし、寺院の興隆発展に努めなければならないとされ、あるいは、前住職やその妻は寺族として、住職を助けて寺院の興隆発展に努めなければならないとされているなど、前住職及び前坊守にも一定の役割が期待されており、また、寺院において、住職やその配偶者について、その者が住職の地位を失った後も終生、境内の建物に居住を認める例も少なくないことも認められる。
- 前住職の妻は、83歳の老女であり、前住職と婚姻後40年以上の長きにわたって境内地内に居住し、その生活のすべてを寺門興隆のために捧げてきたこと、本件建物を追い出された場合に身を寄せるところもないこと、同寺の属する包括宗教法人において前坊守の地位は尊重されるべきものであり、そのことは住職の死亡によっても変わらず、その身分保障及び生活保障について格別の配慮がされるべきである。

以上のように、先代の住職と寺族が寺院の建物で生活をしていた経緯や、先代の住職の退任及び死後の経緯や寺族の立場などによって、終生寺族の保護が認められる場合があるということになります。

他方で、前住職と寺族の過去の言動を問題視して寺族の保護を否定した事例として東京地判平成 28 年 3 月 25 日ウエストロー・ジャパン平成 26 年（ワ）31340 号、平成 28 年（ワ）3480 号の事例もあります[36]。

このような問題が生じた場合、住職としては過去の経緯等を考慮して寺族の地位を保護すべき状況かどうかを慎重に検討した上で、弁護士等の専門家とも相談して対応を進める必要があるといえるでしょう。

36　この事例では、寺族（前住職の妻と子）が、前住職の死後も宗教法人の建物に無償で居住を継続できるかどうかが争われたが、裁判所は、使用貸借契約の成立を認める余地があるとしつつも、前住職の生前における不正行為や住職の地位を退いた後も後任の住職に対して妨害行為を行ったこと、寺族もこれに加担していたことを理由に、宗教法人からの使用貸借契約の解除を認めた。

Q6　労働法とは

？ 労働法という法律を聞いたことがありますが、どのような法律でしょうか。

A　雇う側と雇われる側との間の雇用関係を規律する法律として、労働基準法、労働契約法、労働組合法、労働安全衛生法、男女雇用機会均等法、最低賃金法など多くの法律が存在し、これらの法律を総称して「労働法」といいます。

解　　説

1　雇用に関する民法におけるルール

宗教法人である寺院が、その業務に従事する僧侶や職員（以下、僧侶と職員を合わせて「職員等」といいます）に対して毎月給料を払っているような場合、一般的に宗教法人と職員等との間に雇用契約（労働契約ともいいます）が存在しているといえます。

雇用契約とは「当事者の一方が相手方に対して労働に従事することを約し、相手方がこれに対してその報酬を与えることを約することによって、その効力を生ずる」（民法623条）と定められているものであり、その他基本的なルールが民法において定められています（民法623条～631条）。

2　労働法とは

しかし、民法における雇用契約のルールは、契約自由の原則から契約当事者（ここでは雇う側と雇われる側）が対等であるという前提で定められています。このため、一般的に立場の弱い労働者保護を図る必要があるという観点から、民法とは別に、労働者（雇われる側）の権利を守るための法律が別途定められています。

この労働者のための法律として、労働基準法、労働契約法、労働組合法、労働安全衛生法、男女雇用機会均等法、最低賃金法など多くの法律が存在し、これらの法律を総称して「労働法」といいます。

このうち、寺院と職員等との間の労働条件を定める上で特に重要なものが労働基準法です。労働基準法とは、「使用者」と「労働者」との間の労働契約における最低限度の労働条件を規律する法律です。

Q７　寺院への労働基準法の適用

? 次の場合、当寺院に労働法（労働基準法）は適用されるのでしょうか。

ケース①：経理として事務職員を雇い、給料を払っている場合

ケース②：臨時的に、別の寺院から僧侶に手伝いにきてもらって檀信徒への法要をお願いし、当該僧侶にお布施を渡した場合

ケース③：同居する家族のみで寺院を運営している場合

A　各ケースについて、労働基準法の適用の可否は次のとおりと考えられます。

ケース①：寺院で働く僧侶、職員等が、寺院の住職の指揮監督の下で労務の提供をしており、その労働の対価としての報酬が支払われているといえる場合は、労働基準法が適用される「労働者」に該当することになります。

ケース②：臨時で他の寺院に属する僧侶に法要の手伝いを依頼し、これに対してお布施を渡した場合には、「労働者」には該当しないと考えられます。

ケース③：労働基準法は同居の親族のみを使用する事業については適用しないと定めていますので、住職と同居している家族だけで寺院を運営している場合には、労働基準法の適用はありません。

解　　説

1　労働基準法が適用される労働関係とは

(1)　「労働者」とは

労働基準法が適用される場合というのは、寺院で働く職員等が、労

働基準法で定める「労働者」に該当する場合です。寺院のために何かの作業をして報酬を得ている人がすべて「労働者」に該当するというわけではなく、中には例えば自営業者や外注先に該当するような場合の人もいます。

したがって、労働基準法が適用される場合、すなわち、職員等が「労働者」に該当するのはどのような場合かという点をまず理解する必要があります。

⑵　労働基準法の規定

労働基準法では、労働者は「職業の種類を問わず、事業又は事務所（以下「事業」という。）に使用される者で、賃金を支払われる者をいう」と定義されています（労働基準法９条）。

この定義からわかるとおり、「職業の種類を問わず」とされていますので、寺院に関する業務に従事する者も「労働者」に該当し得ることになります。

労働者性を判断する上で重要なポイントは、①「使用者性」（使用者の指揮監督の下で労務の提供をすること）と②「賃金性」（労働の対償として報酬を得ていること）の２点です。

この「使用者性」については、上司からの業務の指示を拒否できるか、業務遂行について具体的な指揮命令があるか、勤務場所・勤務時間等について拘束があるか等の点を総合考慮して判断されます。

また「賃金性」については、その報酬が労務提供の時間の長さに応じて金額が決まる場合には賃金としての性格（労務対償性）が強くなり、仕事の成果に対して報酬が支払われているときには賃金性は弱くなります。

さらに、これら２点では労働者性が判断しがたい場合には、事業者性の有無（機械・道具の負担、報酬の高額性）、専属性の程度（他者から依頼された業務への従事が事実上制約されているか）なども補強要素として考慮の上判断します[37]。

なお、「業務委託契約」など雇用契約とは異なる名称の契約を締結

37　水町勇一郎著『詳解 労働法 第３版』（東京大学出版会、2023年）38頁。

していた場合でも、契約の法的性質は契約名ではなく実質的な事実関係をもとに判断がなされます。また、アルバイトやパートも労働者に含まれますので、注意が必要です。

(3) 厚生労働省の通達

宗教法人に労働基準法が適用されるかという点については、厚生労働省の通達として、昭和27年2月5日基発第49号通達「宗教法人又は宗教団体の事業又は事業所に対する労働基準法の適用について」があり、宗教法人において、労働基準法が適用される場合とそうでない場合について以下のように例示しています。

> 「労働基準法の適用に当たっては、憲法及び宗教法人法に定める宗教尊重の精神に基づき、宗教関係事業の特殊性を十分考慮すること。
>
> 宗教法人又は団体であっても、労働基準法上にいわゆる労働者を使用していない場合に、労働基準法の適用がないことはいうまでもなく、具体的に問題となる場合を挙げれば次のとおりであること。
>
> (イ) 宗教上の儀式、布教等に従事する者、教師、僧職者等で修行中の者、信者であって何等の給料を受けず奉仕する者等は労働基準法上の労働者ではないこと。
>
> (ロ) 一般の事業主の労働者と同様に、労働契約に基づき、労務を提供し、賃金を受ける者は、労働基準法上の労働者であること。
>
> (ハ) 宗教上の奉仕あるいは修行であるという信念に基づいて一般の労働者と同様の勤務に服し報酬を受けている者については、具体的な勤務条件、特に、報酬の額、支給方法等を一般事業主のそれと比較し、個々の事例について実情に即して判断すること。」

2 寺院における「労働者」とは（Qのケース①、②）

労働基準法の定義と、以上の通達の内容を踏まえ、寺院における職員等が「労働者」に該当するかどうかを検討する必要があります。例えば、寺院に属する僧侶や職員が、寺院の住職から業務内容、業務場所や業務時間等について指揮命令を受けて寺院の業務に従事し、これに対して毎月一定額の給料が支払われているような場合は、労働基準法上の「労働者」に該当し、労働基準法が適用されるということとなります。

これに対して、臨時で他の寺院に属する僧侶に法要の手伝いを依頼し、同僧侶にお布施を支払っているという形態で寺院を運営しているような場合には、当該僧侶は労働基準法の「労働者」に該当しないということになると考えられます。

3 「使用者」とは

ここまでは、労働基準法における「労働者」について説明をしてきましたが、念のため労働基準法における「使用者」についての概念も確認しておく必要があります。

ここで「使用者」とは、「事業主又は事業の経営担当者その他その事業の労働者に関する事項について、事業主のために行為をするすべての者をいう」と定義されています（労働基準法10条）。

これを一般的な寺院にあてはめていえば、宗教法人が「事業主」に該当し、代表役員である住職が「労働者に関する事項について、事業主のために行為をする」者に該当し、宗教法人及び住職の双方が労働基準法上の「使用者」ということになります。

4 同居の親族のみで事業を行っている場合（Qのケース③）

労働基準法では「この法律は、同居の親族のみを使用する事業及び家事使用人については、適用しない」（労働基準法116条2項）と定めています。

したがって、例えば、住職と同居している家族だけで寺院を運営している場合には、労働基準法の適用はありません。

Q8　労働基準法に違反した場合

労働基準法に違反した場合にはどのような問題があるのでしょうか。

A

職員等との間で労働基準法に違反した労働条件を定めてもその条件は無効となり、労働基準法の定める条件に修正されます。

また、労働基準監督署による指導や監督がなされたり、宗教法人と住職に罰金や懲役刑が科される場合もあります。

解　　説

1　労働基準法に違反した労働条件の効力

労働基準法は、労働者の保護を図るという目的から労働条件の最低基準を定めています。このため、労働基準法が定める最低基準を満たさない労働条件を労働者と使用者との間で合意により定めたとしても、その条件は無効となり、労働基準法に定められた最低基準が労働契約の内容となります（労働基準法13条）。この効力を「直律的効力」といいます。

例えば、「年次有給休暇は雇入れの日から起算して２年目から与える」と雇用契約で定めていても当該条項は無効となり、労働基準法39条に基づいて「年次有給休暇は６か月経過後から与える」という規定が労働契約の内容となります。

2　労働基準法に違反した場合の罰則等

労働基準法に違反した場合、労働基準監督署による指導や監督がなされるほか、違反行為が悪質と判断された場合に罰金や懲役刑などの罰則が科される場合があります（労働基準法117条～120条）。この罰則については、法人の代表者に科されることに加えて、事業主である法人に対しても科されることになります（これを両罰規定といいます。労働基準法121条）。

したがって、例えば寺院の住職が労働基準法に違反する行為を行っていた場合、その住職が労働基準法違反の行為者として処罰される可能性があり、これに加えて、両罰規定によって、宗教法人も処罰される可能性があるということになります。

Q９　僧侶・職員への給与の支払に関する問題

？ 当寺院に属する僧侶や職員に給料を支払うにあたり、最低限注意すべきことを教えてください。

A　労働基準法で定められている４つのルール（①通貨払いの原則、②直接払いの原則、③全額払いの原則、④毎月１回以上一定期日払いの原則）に従って支払う必要があります。

また、最低賃金法で定める最低賃金額以上の賃金を支払わなければならない他、寺院の都合で職員等を休業させた場合には休業手当を支払う必要もあります。

解　説

1　賃金に関する基本的なルール

労働基準法は、「賃金とは、賃金、給料、手当、賞与その他名称の如何を問わず、労働の対償として使用者が労働者に支払うすべてのものをいう」（労働基準法11条）と定義しています。

このように、名目の如何を問わず、労働者に対し労働の対償として金銭を支払う場合には、労働基準法の規律を受ける「賃金」に該当するということとなります。

賃金は労働者の生活を支える重要なものですので、それが確実に支払われるために４つのルール（**⑴通貨払いの原則**、**⑵直接払いの原則**、**⑶全額払いの原則**、**⑷毎月１回以上一定期日払いの原則**）が定められています（労働基準法24条）。

⑴　通貨払いの原則

賃金は、原則として「通貨」により支払わなければならないというルールです。つまり、賃金は現金で支払わなければならず、物などの現物支給によることはできません。

したがって、例えば、通勤手当[38]を支給するかわりに通勤定期券の現物支給をすることも原則として労働基準法違反となります。もっとも、例外として、労働協約で定めがある場合には、通貨以外のもので支払うことができるとされていますので、現物支給をするときには労働協約で定める必要があります。また、労働者の同意を得ることが前提となりますが、労働者の指定する労働者本人名義の銀行口座等への振込み等や自己宛小切手等による退職金の支払いについても、通貨払いの原則の例外として認められています（労働基準法施行規則７条の２第１項、第２項）。

⑵　直接払いの原則

賃金は労働者本人に対して直接支払わなければならないというルールです。労働者以外の第三者による賃金の中間搾取を防止する趣旨であり、例えば、労働者の親に対して支払ってはいけないということになります。

⑶　全額払いの原則

賃金は、原則としてその全額を支払わなければならないというルールです。すなわち、何かの名目で給料から天引きして支払ってはいけないということになります。

もっとも、例外があり、法令に別段の定めがある場合（所得税や社会保険料などの源泉徴収）や、労働者の過半数代表者との労使協定がある場合などは、賃金の一部を控除して支払うことができます。

このルールに関連して、例えば、寺院が職員等に金銭を貸し付けている場合や、職員等の業務上の過失等によって寺院に損害を生じさせた場合に、これらの寺院の職員等に対する債権と賃金を相殺すること

38　通勤手当は通勤に要する費用を支弁するために支給される手当であり、「労働の対償」として支払われるものとして、労働基準法上の「賃金」の一部として整理されている（厚労省平成24年９月20日『第２回社会保険料・労働保険料の賦課対象となる報酬等の範囲に関する検討会・資料１』）。

ができるかという問題があります。この点について、最高裁の判例[39]では、相殺することは原則として全額払い原則違反になり、例外として労働者との合意に基づいて相殺することは可能であると判断しています[40]。

(4) 毎月１回以上一定期日払いの原則

賃金は、臨時のものを除き、毎月１回以上、一定の期日を定めて支払わなければならないというルールです。例えば、毎月末日や毎月25日などと決めて支払う必要があります。また、給与を年俸制で定めたとしても、月割りにして支払う必要があるということになります。

2 賃金の最低額

賃金の具体的な金額については、労働契約を結ぶ際に使用者と労働者との間の合意によって決めることが原則となります。

しかし、一般的に労働者は使用者よりも弱い立場にあるため、賃金の額の決定を完全に労働者と使用者に委ねてしまうと、低額な賃金で労働者が酷使されるという事態を招くおそれがあります。

そこで、労働者の保護という観点から最低賃金法という法律によって労働者に支払う賃金の最低額が定められています。使用者は、この法律で定める最低賃金額以上の賃金を支払わなければなりません（最低賃金法４条１項）。

このため、仮に最低賃金額に達しない賃金を使用者と労働者の間で合意して労働契約を締結したとしても、最低賃金法によって無効とされ、最低賃金額と同額の定めをしたものとされます（最低賃金法４条２項）。最低賃金額は、時間によって定められ（最低賃金法３条）、地域毎に地域別最低賃金（最低賃金法９条以下）が設定されています[41]。

39　最２小判平成２年11月26日民集44巻８号1085頁。

40　ただし、判例では、労働者の合意が「労働者の自由な意思に基づいてされたものであると認めるに足りる合理的な理由が客観的に存在する」と認められることが必要であると述べられている。

職員等に支払う賃金が最低賃金額以上となっているかどうかを調べるには、時間あたりに換算した賃金額と適用される最低賃金額を比較することになります。具体的な比較、時間あたりの賃金額の計算方法等について詳しく知りたい場合は、厚生労働省のウェブサイトで確認するか、最寄りの都道府県労働局労働基準部賃金課室又は労働基準監督署に相談することが可能です。

3　休業手当

労働者の都合で欠勤、休業した場合には、「ノーワークノーペイの原則」により、使用者側には賃金の支払義務は発生しません。[42]

しかし、使用者側の事情で事業所を休業したり、使用者側からの指揮・命令によって、労働者が出勤できず労働できなくなったという場合、すなわち使用者の責めに帰すべき事由による休業の場合には、使用者には休業手当の支払義務が発生します。

この場合、使用者は賃金の6割以上の休業手当を支払わなければなりません（労働基準法26条）。

ただし、台風・地震などの天変地異など不可抗力により労働者に労働させることができなくなったというような場合には、使用者は休業手当を支払う必要はありません。

41　最低賃金には、その他特定の産業について設定されている特定最低賃金（最低賃金法15条以下）がある。

42　ただし、就業規則、労働協約、労働契約で別段の定めをする場合には、それに従う。

~コラム~

◇寺院の基本的知識:労働者の労働条件を決定するもの◇(労働契約、就業規則、労働協約)

労働者の労働条件は、原則として使用者と労働者との間の労働契約によって定められることとなりますが、労働条件を定める方法として、この労働契約の他に、①就業規則、②労働協約というものがあります。

① 就業規則

就業規則とは、職場における労働条件・服務規律の統一的なルールとして使用者が定めるものです。常時10人以上の労働者を使用する事業場においては、この就業規則を作成し、労働基準監督署に届け出ることが義務付けられています(労働基準法89条)。

② 労働協約

労働協約とは、労働組合と使用者との間の労働条件による取決めを書面化したものです。

就業規則と労働協約のいずれも、僧侶や職員を多数抱えるような寺院でない限りは無縁かもしれませんが、日本の多くの企業では、この就業規則によって詳しい労働条件が定められているなど、労働法においてはいずれも重要な存在です。

この労働契約、就業規則、労働協約はそれぞれ別個に存在することもあり得ますので、それぞれにおいて別々の条件(例えば労働時間など)が定められた場合にその優劣が問題となります。この場合、優先関係は労働協約、就業規則、労働契約(個別の合意)の順となっています。例えば、労働協約で定められた労働条件と異なる就業規則の規定や個々の労働者との合意は無効となり、労働協約での規定が優先します(労働組合法16条)。すなわち、労働協約が最低基準を定めているものと解釈されない限り、労働協約を下回る労働契約(及びその内容をなす就業規則)だけでなく上回るものについても、労働協約の規定が優先すると解されています。同様に、就業規則で定められた条件よりも労働者にとって不利な内容を労働契約で定めたとしても就業規則で定められた条件が優先するということになります（労働契約法12条）。他方、就業規則よりも労働者にとって有利な内容を個別の労働契約で定めることは可能であり、有効です。

　なお、就業規則、労働協約のいずれにおいても、労働基準法等が定める最低基準を満たしていない場合には、当該労働条件は無効となります。

Q 10　僧侶・職員の業務時間と休日に関する問題

? **寺院に属する僧侶や職員について、寺院の業務に従事してもらう時間や休日を決める際に気を付けるべきことはありますか。**

A **僧侶や職員が労働基準法上の「労働者」に該当する場合、労働基準法が適用になり、同法に定められた労働時間の上限を超えないように業務に従事させること、及び、同法が定める休憩時間や休日の日数を付与しなければなりません。**

解　　説

1　労働時間に関する基本的なルール

(1)　労働基準法で定める労働時間の規制（法定労働時間）

労働基準法は、労働時間の長さについて、1日の労働時間は8時間以下、1週間の労働時間は40時間以下と規制しています。これを法定労働時間といい、使用者は原則として労働者をこの法定労働時間を超えて労働させてはならないとされています（労働基準法32条）。

したがって、寺院が職員等を雇用する場合に、勤務時間を定める際も上記の法定労働時間を超えないように雇用条件を定めなければなりません。

(2)　労働基準法上の「労働時間」

労働基準法上の「労働時間」とは、「労働者が使用者の指揮命令下に置かれている時間」であるかどうかにより客観的に評価されるものであり、労働契約の定めのいかんにより決定されるべきものではないとされています[43]。

これは、要するに、たとえ雇用契約書において法定労働時間内の勤務時間を定めていたとしても、勤務時間外に職員等が寺院の指揮命令下に置かれている時間があれば、それも労働時間に含まれるということです。このため、この労働時間が法定労働時間を超えてしまう場合、労働基準法に違反し、後述する時間外労働等の問題が生じてくるということになります。

では、「使用者の指揮命令下に置かれている時間」が問題となるような場合はどのような場合でしょうか。

例えば、始業時間を午前８時と定めていたものの、始業の30分前に寺院にきて着替え等の準備を行わなければならないと義務付けているような場合は、始業前30分間は使用者の指揮命令下に置かれていると評価され、労働時間に該当することになります。

また、寺院の参拝客の受付を担当する職員が、参拝客を待っている時間、いわゆる手待時間は、実際に作業をしていない時間ではあるものの、寺院からの指示があれば、又は、参拝客がくれば受付業務を行う状態にしておかなければなりません。このため、使用者の指揮命令下にある労働時間と評価されることになります。

2　休憩・休日に関する規制内容

(1)　休　　憩

使用者は、１日の労働時間が６時間を超える場合は少なくとも45分、８時間を超える場合には少なくとも１時間の休憩時間を、労働時間の途中に与えなければなりません（労働基準法34条１項）。

例えば、職員等の始業時間を午前８時から、終業時間を午後５時までと定めていた場合、この就業時間内に少なくとも１時間の休憩時間を与えなければならない、ということになります。

この休憩時間は、原則として一斉に与えなければならず、労働者ごとにばらばらの時間に与えてはならないとされています（一斉付与の原則）。ただし、労使協定を締結している場合には例外が認められます（労働基準法34条２項）。

43　最１小判平成12年３月９日民集54巻３号801頁。

また、休憩時間は労働者に自由に利用させなければなりません（労働基準法34条3項）。

(2) 休　日

使用者は労働者に対し、少なくとも1週間に1回、又は4週間を通じて4日以上の休日を与えなければなりません(労働基準法35条[44])。

ただし、土日、祝日は必ず休日にするとか、現在一般的である週休2日にすべきという規制はなく、上記の休日の日数を確保すればよいということになります。

44　4週間を通じて4日以上の休日を与える場合は、起算日を決める必要がある（労働基準法施行規則12条の2第2項)。

Q 11　有給休暇とは

? 有給休暇とはどのような制度でしょうか。必ず与えなければならないのでしょうか。

A　労働者に有給で与える休暇のことであり、労働基準法が定める最低基準を満たすように年次有給休暇を付与しなければなりません。

解　説

1　年次有給休暇（年休）とは

労働基準法は、労働者が休息や余暇を享受するためのまとまった時間を保障するという目的から、毎年一定の日数の休暇を有給で保障するという制度を設けています。これを年次有給休暇といいます（労働基準法39条）。

労働者が年休を取得した日については、労働者は労働する義務を負わず、なおかつ、労働した日と同じ賃金が発生するということになります。

2　年次有給休暇の発生要件

労働者は、雇い入れられた日から６か月間継続勤務し、その間の全労働日の８割以上出勤した場合は、年次有給休暇の権利（年休権ともいいます）を取得します（労働基準法39条１項）。

この年休権は労働基準法の規定により必ず発生するものであり、年休をどのように使うかは労働者が自由に決められます[45]。

年休の日数は、その後勤続年数が増えるにしたがって、以下の表のとおり日数が増えていくこととなります（ただし、各年において、前年の全労働日の８割以上出勤することが必要です）。なお、これは最低基準であり、使用者の判断によりこれ以上の年休を取得させることも可能です。

継続勤務年月数	６か月	１年６か月	２年６か月	３年６か月	４年６か月	５年６か月	６年６か月以上
年休日数	10 日	11 日	12 日	14 日	16 日	18 日	20 日

3　年５日の年次有給休暇の確実な取得の義務

年次有給休暇については、付与されていながらも、気兼ねなく請求することがためらわれる等の理由から、実際には取得されずに消滅するということが多いという実態があるといわれていました。

このため、年次有給休暇の取得促進を目的として、平成 31 年４月に労働基準法が改正され、すべての企業において、年 10 日以上の年次有給休暇が付与される労働者に対して、年次有給休暇の日数のうち年５日については、付与した日から１年以内に使用者が時季を指定して取得させることが義務付けられました（労働基準法 39 条７項）[46]。

この規定に違反した場合には、30 万円以下の罰金の対象となります（労働基準法 120 条１号）。

したがって、職員等を雇用する寺院は、年次有給休暇の管理や取得のための環境整備に努めることが必要です。

45　年休は、「労働者の請求する時季に与えなければならない」（労働基準法 39 条５項本文）が、使用者は、労働者が請求した時季に年次有給休暇を与えることが「事業の正常な運営を妨げる場合」には、他の時季に年次有給休暇を与えることができる（労働基準法 39 条５項但書）。これを時季変更権という。

46　ただし、労働者が自ら請求、取得した年次有給休暇の日数や労使協定で計画的に取得日を定めて与えた年次有給休暇の日数については、その日数分が、使用者に時季指定義務が課される年５日から差し引かれる（労働基準法 39 条８項）。

Q 12　僧侶・職員の雇用にあたっての宗派の問題

? 新たに僧侶や職員を雇用する場合に、当寺院と同じ宗派を信仰していることを条件とすることはできますか。

A　僧侶・職員等の採用については、採用する側に原則として採用の自由が認められています。したがって、採用にあたって寺院と同じ宗派を信仰していることを条件とすることは可能です。

解　　説

1　採用の自由

使用者には労働者を雇用するに際して、採用の自由が認められています。したがって、寺院が誰を労働者として採用するかは原則として自由です。

もっとも、職員等の採用や募集にあたっては、性別、年齢等を理由として応募を断ったり、書類選考や面接で性別、年齢を理由に採否を決定する行為は違法とされるなどの一定の制限があることに留意する必要があります（男女雇用機会均等法５条、労働施策の総合的な推進並びに労働者の雇用の安定及び職業生活の充実等に関する法律９条）。

2　同じ宗派を信仰していることを採用の条件とすることの考え方

(1)　採用にあたっての信仰を調査することの可否

宗教法人の活動目的は、特定の宗教の教義を広めたり、儀式行事を行ったり、信者を教化育成するというものであることを踏まえると、職員等の業務は特定の宗教と密接にかかわることが予定されているといえます。

このため、ある宗派の寺院が職員等を採用するにあたり、当該宗派を信仰していることを条件とすること、又は、他の宗派を信仰していないことを条件として募集及び採用することが考えられます。

この場合に、まず、労働者の採用選考にあたって、応募してきた者の思想・信条について調査又は質問することが可能かどうかという問題があります。

この点について、最高裁判所は、「企業者が雇傭の自由を有し、思想、信条を理由として雇入れを拒んでもこれを目して違法とすることができない以上、企業者が、労働者の採否決定にあたり、労働者の思想、信条を調査し、そのためその者からこれに関連する事項についての申告を求めることも、これを法律上禁止された違法行為とすべき理由はない」[47]として、思想信条の調査も原則として認められるという考え方を示しています。

以上の最高裁判所の考え方と、宗教法人の活動目的、及び採用後の業務内容を考慮すれば、職員等の採用選考に際し、応募者の信仰に関して質問し、申告を求めることについては、原則として許されると考えるべきです。

(2) 特定の信仰を条件とした採用の可否

以上のとおり、宗教法人の活動目的が、特定の宗教の教義を広めたり、儀式行事を行ったり、信者を教化育成するというものであることからすれば、特定の信仰を採用の条件とすることは原則として許されると考えられます。

---

47 最大判昭和48年12月12日民集27巻11号1536頁。

Q 13　僧侶・職員の採用時の問題

? **寺院で新たに僧侶や職員を採用する際に気を付けるべきことはありますか。**

A　**僧侶や職員の採用にあたっては、事前に労働条件を明示することが必要であり、法が定める特に重要な条件については書面を交付して明示することが必要です。**

解　説

1　採用の際の労働条件の明示

(1)　労働条件の明示義務

使用者は、労働者を採用するにあたり、賃金・労働時間その他の労働条件を労働者に明示しなければならないとされています（労働基準法15条1項）。この労働条件の明示義務に違反した場合は、30万円以下の罰金の対象となります（労働基準法120条1号）。

(2)　書面で事前に明示すべき労働条件

事前に労働者に明示しなければならない労働条件は以下の①～⑤の事項と定められています（労働基準法15条1項、労働基準法施行規則5条）。

①　労働契約の期間に関する事項
②　就業の場所及び従事すべき業務に関する事項
③　始業及び終業の時刻、所定労働時間を超える労働の有無、休憩時間、休日、休暇並びに労働者を2組以上に分けて就業させる場合における就業時転換に関する事項
④　賃金の決定、計算及び支払の方法、賃金の締切り及び支払の時期

並びに昇給に関する事項

⑤　退職に関する事項（解雇の事由を含みます）

これらの事項については書面の交付による明示が義務付けられています（労働基準法施行規則５条３項、４項）[48]。この書面による明示は、一般的には労働条件通知書の交付によって行われています[49]。

この他、以下の⑥～⑬の事項についても、これを労働条件として定めている場合には、事前に明示する必要があります。

⑥　退職手当の定めが適用される労働者の範囲、退職手当の決定、計算及び支払の方法並びに退職手当の支払の時期に関する事項

⑦　臨時に支払われる賃金（退職手当を除きます）、賞与及び賃金並びに最低賃金額に関する事項

⑧　労働者に負担させるべき食費、作業用品その他に関する事項

⑨　安全及び衛生に関する事項

⑩　職業訓練に関する事項

⑪　災害補償及び業務外の傷病扶助に関する事項

⑫　表彰及び制裁に関する事項

⑬　休職に関する事項

2　明示した労働条件が事実と相違する場合

採用の際に明示されていた条件と実際に異なる条件で雇用した場合、労働者は即時に労働契約を解除することができるとされていますので（労働基準法15条２項）、使用者側としては採用にあたり労働者とこの点の認識の相違がないように注意する必要があります。

なお、パートタイム労働者（正社員よりも所定労働時間の短い労働者）を雇用する場合には、以上の点に加えて、①昇給の有無、②退職手当の有無、③賞与の有無、④パートタイム労働者の雇用管理の改善等に関する事項に係る相談窓口について、文書の交付などにより、当該労働者に対して明示することが義務付けられています（短時間労働者及び有期雇用労働者の雇用管理の改善等に関する法律６条１項）。

48　④の昇給に関する事項を除く。

49　厚生労働省ホームページには、労働条件通知書のひな形が掲載されている。

Q 14　僧侶・職員の残業・休日労働

? 僧侶や職員に残業や休日労働をしてもらうことは可能でしょうか。また、その場合に支払う給料に違いはあるのでしょうか。

A　原則として、法定労働時間を超えて、また休日に労働させることはできませんが、例外的に時間外労働・休日労働をさせることが可能な場合が労働基準法により規定されています。

法定労働時間を超える労働時間や、休日、深夜に及ぶ労働に対しては、通常の賃金に加えて、法が定める割増率以上の割増賃金を支払う必要があります。

解　説

1　時間外労働・休日労働

Q10で説明したとおり、使用者は法定労働時間を超えて、及び休日に労働させることができないのが原則です。しかし、以下の場合は、例外的に時間外・休日に労働させることが認められています。

⑴　災害その他避けることのできない事由によって、臨時の必要がある場合（労働基準法 33 条）

この場合、所管の労働基準監督署の許可を得て、時間外労働・休日労働をさせることができます。

⑵　労働者の過半数で組織する労働組合がある場合においてはその労働組合、労働者の過半数で組織する労働組合がない場合においては労働者の過半数を代表する者との書面による協定（これを通称「36協定」という）をし、当該労使協定を所轄の労働基準監督署に届け

出ている場合（労働基準法36条）

この場合、36協定を締結した上で、時間外労働・休日労働に関して職員等との間で労働契約や就業規則に規定するなどの方法により、時間外労働·休日労働に関する義務を設定した場合には、時間外労働·休日労働を行わせることができます。

ただし、時間外労働については上限規制が設けられており、原則として月45時間・年360時間とし、臨時的な特別の事情がなければこれを超えることはできません（労働基準法36条4項）。

2　残業代が発生する場合

(1)　法定労働時間内の残業

労働基準法32条は、労働時間の長さについて、1日の労働時間は8時間以下、1週間の労働時間は40時間以下（法定労働時間）と規制しています。

労働契約によって、上記の法定労働時間よりも短い労働時間を定めていた場合（これを「所定労働時間」といいます）であっても、この所定労働時間を超えて労働させたときは残業代を支払う必要があります。例えば、労働契約で所定労働時間が午前8時から午後4時までの7時間と定められていた場合に、午後4時から午後5時まで1時間残業した場合も残業代が発生します。このように法定労働時間の範囲内の残業の場合は、下記の割増賃金の支払義務は発生せず、通常の時間の賃金に基づく金額になります[50]。

(2)　法定労働時間外の残業

上記の法定労働時間を超えて労働者を労働させた場合、使用者は次に説明する割増賃金を支払う義務があります。

50　ただし、法定労働時間の範囲内の残業の場合であっても、就業規則等に割増賃金を支払う旨の約定がある場合には、その規定に従った賃金を支払わなければならない。

3　時間外労働・休日労働の場合の割増賃金の支払義務

使用者が労働者に①法定労働時間を超えて時間外労働をさせた場合、②法定休日に労働させた場合、③深夜に労働させた場合には、通常の賃金に加えて、割増賃金を支払わなければなりません。

この場合の割増率は、以下のように定められています（労働基準法37条）。

法定労働時間を超えて労働させた場合	通常の労働時間又は労働日の賃金の25％以上
法定休日労働をさせた場合	通常の労働時間又は労働日の賃金の35％以上
深夜労働（午後10時から午前5時までの間の労働）をさせた場合	通常の労働時間又は労働日の賃金の25％以上
法定労働時間を超え、かつ深夜労働をさせた場合	通常の労働時間又は労働日の賃金の50％以上[51]
法定休日、かつ深夜労働をさせた場合	通常の労働時間又は労働日の賃金の60％以上

なお、法定労働時間を超えて労働させた時間が1か月に合計60時間以上となった場合、その60時間を超える時間外労働の割増率は、50％以上の率としなければならないとされています（労働基準法37条1項本文但書）[52]。

4　代休と振替休日の違い

休日労働とは、法定休日とされていた日に労働させることをいいます。休日労働をさせたときには、上記のように割増賃金を支払う必要があります。また、その後に代償として特定の労働日を休日とすることがよく行われています。これを一般的に「代休」と呼びます。

51　1か月に合計60時間を超える時間外労働に該当する場合には75％以上の率としなければならない（労働基準法施行規則20条1項）。

52　過半数労働組合あるいは過半数代表者との労使協定により、1か月に合計60時間を超える時間外労働について50％以上の割増賃金を支払うかわりに、代替休暇を与えることもできる（労働基準法37条3項）。

他方、振替休日[53]とは、あらかじめ法定休日を労働日に変更し、そのかわりに他の労働日を休日とすることをいいます。当初の法定休日が、事前の振替によってすでに休日ではなくなっている以上、その日の労働は休日労働には該当しません。したがって、当初法定休日であった日に労働させても「休日労働」とはならず、休日労働に対する割増賃金支払義務も発生しません。

代休と振替休日では、賃金計算の方法も異なりますので、両者を混同しないように注意してください。

53　休日の振替を行うには、休日の振替を行うことへの契約上の根拠（就業規則・労働協約等の規定や個別合意）があることと、遅くとも前日までに休日振替が行われ、週休１日制原則等労基法上の原則に反していないことが必要である。

Q 15　僧侶・職員の退職・解雇の問題

? 日頃の業務態度がとても悪い僧侶がおり、辞めさせたいのですが、どうすればよいでしょうか。

A　労働者との労働契約を解消する方法は、①労働契約の合意解約、②解雇のいずれかの方法になります。

合意解約は僧侶との話合いによりお互い合意の上で辞めてもらうという方法です。

これに対して、解雇とは、寺院側から一方的に僧侶との労働契約を解消するという手段ですが、無制限に認められるものではなく、解雇にあたって客観的に合理的な理由があり、社会通念上相当であると認められない限り無効となります。これを解雇権濫用法理といいます。

一般的には、解雇に対して裁判所は厳格に判断し、解雇を容易には認めない傾向にあることに留意する必要があります。

解　説

1　労働契約の解消

寺院と、そこで働く僧侶や職員との間に労働契約がある場合において、僧侶や職員に辞めてもらうためには、この労働契約を解消するという手続が必要となります。

使用者側から労働契約を解消するための手段としては、①労働契約の合意解約と②解雇の２つの手段があり、いずれかの手段によって辞めてもらうということになります。

2　合意解約

合意解約とは、使用者と労働者の合意によって労働契約を解消することをいいます。通常は、使用者側から労働者に対して退職勧奨をして退職を促し、その後話合いを行った上で合意により労働契約を解消するという流れで進められることが一般的です。使用者は退職勧奨を原則として自由に行うことができますが、被勧奨者の選定が不公平であったり、説得のための手段・方法が社会通念上相当性を欠く退職勧奨は、違法となる可能性があります[54]。

3　解　雇

(1)　解雇とは

解雇とは、使用者からの一方的な意思表示により、労働契約を解消することをいいます。解雇には、普通解雇（諭旨解雇という場合もあります）と懲戒解雇の２種類があります。

①　普通解雇

普通解雇とは、労働者の能力不足や協調性の欠如、労働契約違反等の理由によって行われる解雇をいいます。

普通解雇は、労働者の同意を得ることなく、使用者側の一方的な通知により、従業員としての身分を失わせるものであるため、労働者保護の観点から、厳しい制約が科されています。

②　懲戒解雇

懲戒処分とは、使用者が労働者の社内秩序違反行為に対する制裁として科す処分です。

この懲戒処分は、懲戒事由と懲戒処分の種類を、あらかじめ就業規則で定めて明示している場合に科すことができます[55]。

懲戒事由として定められるものは、一般的には職務懈怠、業務命

54　鳥取地判昭和 61 年 12 月 4 日判時 1216 号 32 頁。
55　最２小判平成 15 年 10 月 10 日判時 1840 号 44 頁。

令違反、職場規律違反、経歴詐称、無断欠勤、犯罪行為などです。

懲戒処分の種類としては、一般的には戒告、譴責、減給、出勤停止（停職）、降格、懲戒解雇があり、懲戒解雇はまさに一番重い懲戒処分として科されるものです。上記①で述べた普通解雇との違いは、懲戒解雇の場合には主に退職金の一部又は全部を不支給とされる点です。

(2) 解雇する場合の手続

① 解雇予告

労働者を解雇する場合、使用者は少なくとも30日前に労働者に対して解雇する旨の予告をしなければなりません（労働基準法20条1項）。

もっとも、30日分以上の平均賃金を支払った場合（これを「解雇予告手当」といいます）には予告をせずに解雇することができます。また、この予告日数は、1日分の平均賃金を支払った分だけ短縮することができます（労働基準法20条2項）。

また、解雇予告の例外として、①天災事変その他やむを得ない事由のために事業の継続が不可能となった場合、又は、②労働者の責に帰すべき事由に基づいて解雇する場合、においては予告することなく解雇することができます(労働基準法20条1項但書)。ただし、解雇予告をせずに解雇を行う場合、労働基準監督署の認定を受ける必要があります（同条3項)。

なお、もし、解雇予告をせずに解雇した場合（解雇予告手当を支払わずに即解雇した場合など)、この場合の解雇の効力については、使用者が即時解雇に固執しない限り、解雇後30日が経過した時点又は解雇予告手当を支払った時点で、解雇の効力が発生するというのが最高裁判所の考え方です（最2小判昭和35年3月11日民集14巻3号403頁)。

② 懲戒解雇の場合の手続

懲戒解雇をする場合の手続は、就業規則に定めておく必要があり、その内容に従って解雇手続を進めていく必要があります。

一般的には、懲戒解雇理由を記載した解雇理由書を労働者に交付し、労働者側に弁明の機会を与えた上で、最終的に解雇を決定するということになります。

なお、懲戒解雇の場合も、上記①で述べた解雇予告は必要となりますが、懲戒解雇の場合には、労働基準監督署に、「労働者の責めに帰すべき事由」があったことを申請し、許可を得られれば、解雇予告手当を支払わずに即時に解除することが可能です。これを「解雇予告の除外認定」といいます。

4　解雇が認められるための要件

(1)　解雇権濫用法理

労働者の解雇については、以上の解雇予告又は懲戒処分の手続を踏んだからといって無制限に認められるものではありません。

解雇は、裁判でその有効性が激しく争われる労使間の代表的な紛争原因の一つとなっていますが、これまでの裁判例によって、「客観的に合理的な理由がない解雇や、社会通念上相当と認められない解雇は、解雇権の濫用として、無効である」という、いわゆる解雇権濫用法理というものが確立されてきました。

そして、この考え方は、労働契約法16条によって「解雇は、客観的に合理的な理由を欠き、社会通念上相当であると認められない場合は、その権利を濫用したものとして、無効」とする旨、明文化されています。

したがって、使用者側の解雇の自由は、大幅に制限されているのが現在の労働法及び裁判実務の考え方です。

(2)　解雇に客観的合理的理由があるか否かの考え方

前述のとおり、解雇が有効となるためには、客観的合理的な理由があることが必要です。

このため、例えば僧侶や職員の業務態度を理由に解雇する場合、当該職員等について客観的に業務に関する能力や資質が著しく劣るという事実が存在する必要があります。本人の業務能力や態度、ミスの内容や発生頻度、ミスの重大性、業務の遅滞状況などが、他の職員等との比較において著しく悪いといえるか否か、この点について、いかに具体的に説明を行うことができるかという点が重要なポイントとなります。

また、職員等の能力や勤務状況の判断において、当該職員等に対する人事評価が劣悪といえるか否かも重要な要素です。人事評価については、評価基準が明確で、公平であることが求められます。

⑶ 解雇が社会通念上相当か否かの考え方

解雇に客観的合理的理由があったとしても、解雇が有効と認められるためには、さらに、解雇が社会通念上相当と認められるものであることが必要です。相当かどうかというのは、解雇が真にやむを得ないものであり、それ以外の選択肢がなかったか否かという点から判断されます。判例では、使用者が一定の解雇回避の努力を尽くしたこと、本人に宥恕すべき事情がないこと、などを求めています。

具体的には、使用者が本人に対して、適切な指導や教育を重ねたものの、能力や業務態度などの改善が認められず、改善の見込みが乏しいこと、本人が担当業務に対応できない場合に、使用者としては適切な配置換え等を行って、本人の雇用を継続させるための努力を尽くしたにもかかわらず、その転換後も担当業務に著しく対応できず、対応できる見込みも乏しいことなどです。

したがって、寺院が職員等にどのように指導や教育を行ってきたかが後々重要となりますので、これらの措置を適切に行使して客観的な記録に残しておくことが必須です。寺院がこれらの措置を十分に行ったと認められるときは、解雇回避義務を十分に尽くしたと判断されると考えられます。

⑷ まとめ

以上のとおり、本人の能力不足や勤務態度等を理由とする解雇の可否は、本人につき客観的な著しい能力不足等の事実が存することを前提として、本人に対する指導・教育、配置転換等を行ったが、その改善効果がなく、また、改善の見込みも乏しいため、社会通念上本人を引き続き雇用することが困難な状況になっている、とまで判断できるか否かによって決せられることとなります。

上記判断が法的に正しいかどうかは非常に難しい判断を強いられる問題となりますので、解雇を行う場合は慎重に対処する必要があります。

Q 16　寺院の経営の悪化に伴う僧侶・職員の処遇の問題

? 現在寺院の経営が悪化しており、僧侶や職員の給料を削減するか、人員を減らす必要があります。どのように進めたらよいでしょうか。

A　僧侶や職員の給料を削減するためには、個別に各僧侶・職員の合意を得る必要があります。

また、人員を削減するためには、労働契約の合意解約か解雇の方法による必要がありますが、寺院の経営が悪化している場合には、法律上一定の要件を満たせば解雇が認められる場合があります（これを整理解雇といいます）。

解　　説

1　労働条件を変更する場合

労働契約を締結した後に、寺院の経営上の必要性から、賃金や勤務時間などの労働条件を変更しなければならないという場合があります。

労働条件の変更は、使用者と労働者との合意により行うことが原則です（労働契約法８条）。したがって、使用者側から一方的に賃金を減額するなど労働者にとって不利益な変更はできません。

なお、就業規則が存在する事業所の場合においては、就業規則の変更により労働条件を変更することができますが、この場合においても、原則として労働条件を労働者にとって不利益に変更することはできません（労働契約法９条）。もっとも、例外として、変更後の就業規則を「周知」させ、かつ就業規則の変更が「合理的」[56] なものであると

56　合理性の判断要素として、労働契約法 10 条は、労働者の受ける不利益の程度、労働条件の変更の必要性、変更後の就業規則の内容の相当性、労働組合等との交渉の状況その他の事情に照らし総合判断するものと定めている。

きには、労働契約の内容は変更後の就業規則の定めるところになるとされています（労働契約法10条）。

2 人員を削減する場合

(1) 人員削減の手段

労働条件の変更だけではなく、余剰人員を整理しなければならないという場合は、合意により職員等との労働契約を解約するか、合意が得られない場合は解雇を選択するということになります。

(2) 整理解雇とは

ここで問題となるのは、解雇による人員の削減です。

Q15でも説明したとおり、解雇をしても客観的に合理的な理由を欠き、社会通念上相当であると認められない場合は、その権利を濫用したものとして無効になります。

では、経営不振などの経営上の理由により人員削減をするという場合において、解雇が認められる場合というのはどのような場合なのでしょうか。

このような解雇は、「整理解雇」と呼ばれますが、何ら落ち度がない労働者を経営上の理由で辞めさせるものであるため、整理解雇が認められるためには、使用者側でできる限りの手段を尽くしたかどうかという観点から、特に厳しい条件を満たす必要があります。

裁判例では、①**人員削減の必要性**、②**解雇回避努力**、③**解雇の対象者の人選の妥当性**、④**手続の妥当性**、という４つの事項[57]を総合的に考慮して、整理解雇に合理的理由があると認められる場合にのみ、解雇が有効とされています。

以下、この４つの要件（要素）について説明します。

① 人員削減の必要性

寺院が経営危機にあるなど、人員削減をしなければならない事情

57 東京地決平成12年1月21日労判782号23頁、東京高判平成18年12月26日労判931号30頁。

があるということが必要です。もっとも、この点について裁判例では、寺院が倒産寸前の状態にあるというところまでの事情は求められてはおらず、ある程度の必要性が認められれば使用者側の判断が尊重される傾向にあります。

② 解雇回避努力

解雇を行う前に、残業の削減や新規の職員等の採用の中止、一時休業や希望退職者の募集など、解雇を可能な限り回避するための措置を行ったかどうかという事情が必要です。

③ 解雇の対象者の人選の妥当性

解雇する対象者の選定にあたって、その選定基準が合理的である必要があります。この点、どのような基準が合理的かということの判断はとても難しいのですが、裁判例では、年齢のみを基準に機械的に解雇者を選定することが合理性を欠くと判断された事例があります[58]。この点は、寺院の職員等の状況を考慮して基準を設定することになるでしょう。

④ 手続の妥当性

解雇が有効と認められるためには、あらゆる手続を尽くしたことが必要となります。例えば、以下の手続が挙げられます。

・労働者に、人員削減が必要である事情について説明した上で、協力を求める努力をしたか
・解雇まで十分な期間を設けて通告したか
・解雇の人選基準などについて十分な説明をしたか

---

58 東京地判平成13年12月19日労判817号5頁。

第3章

墓地等に関する法律問題

弁護士　髙橋 優介

Q１　墓地使用権の法的性質

? 墓地の使用者との間ではどのような契約が締結されるのですか。

A　墓地を使用させる契約が結ばれます。

墓地の使用契約の締結によって使用者に墓地使用権が発生しますが、この墓地使用権の法的性質については、永代借地権としたもの、慣習法上の物権としたものなど、さまざまな見解があります。

墓地の使用契約の法的性質をどのように解するにせよ、使用者との間でどのような内容の合意を行うかが重要です。

解　　説

１　「墓地を使用させる」とは

⑴　墓地（納骨堂）の使用に関する契約

墓地、納骨堂又は火葬場の管理及び埋葬については「墓地、埋葬等に関する法律」（以下、本章において「墓地埋葬法」といいます）に定められています。

墓地埋葬法では遺体の埋葬又は焼骨の埋蔵は墓地以外の区域に行ってはならないと定められています（墓地埋葬法４条１項）。したがって、遺体の埋葬及び遺骨の埋蔵を希望する方は、墓地や納骨堂を経営する寺院に対して、墓地や納骨堂を使用させてもらう必要があります。

依頼を受けた寺院が墓地や納骨堂の使用を認めるのであれば、希望者に対して寺院の敷地や建物を利用させるということになります。したがって、使用者との間では、使用方法や制限などをあらかじめ取り決めておく必要があります。

このように寺院と使用者との間で定められた取決めが、墓地（納骨堂）の使用に関する契約ということになります。

⑵ 墓地使用権

寺院と使用者との間で契約が成立すると、使用者には墓地等の使用に関する権利が生じます。

墓地の場合、一般的に「墓地使用権」と称されますが、このような権利は民法や借地借家法にはもちろん、墓地埋葬法にも明記されていません。そのため、この権利の法的な性質はどのようなものであるのか、過去の裁判例においてもさまざまな議論がされてきました。

例えば、賃貸借契約であれば存続期間は50年を超えることができませんし（民法604条1項)、使用貸借契約であれば借主の死亡によって契約は終了することになります（民法597条3項)。

墓地の敷地は寺院の所有地であり管理下にある一方で、墓石については墓地使用者が所有権を有しているということが一般的であると思われます。

このように権利関係が単純なものでない場合には法的なトラブルが生じやすくなりますので、墓地使用者との間でのトラブルを回避するためにも、墓地使用権がどのような権利であるかは理解しておく必要があります。

2 墓地使用権の法的性質

前述のとおり、墓地使用権については法典に明文がないため、その性質については裁判例でもさまざまな見解が示されています。

津地判昭和38年6月21日[59]は、墓地使用権を「墳墓を所有することにより墳墓の存する墳墓地を使用する権利」としつつ、日本におい

59 津地判昭和38年6月21日下民14巻6号1183頁。本件は、原告の長男の妻が死産したため、原告が寺院（被告）に対して寺院墓地内の原告所有の墳墓への焼骨の埋蔵を求めたところ、原告の改宗・離檀を理由に寺院が埋蔵を拒絶したことに対して妨害排除請求を行った事案である。判旨は、原告がもともと寺院の檀家として寺院墓地内にある墓地に先祖代々の墳墓を所有してきたことから、原告には墓地使用権があることを認めつつ、寺院が無典礼での埋蔵を条件とする原告の埋蔵依頼を拒むことは墓地埋葬法13条にいう「正当な理由」がある場合にあたるとして、原告の請求を棄却した。

て国民の墓地は歴史的に古くから寺院の墓地のみであり、その寺院の檀家となることによって寺院墓地内に墳墓を所有することができたという歴史的経緯にも鑑み、墓地使用権は「寺院との檀信徒加入契約とでもいうべき契約に由来する」と判断しました。

この裁判では、寺院（被告）から、原告が改宗離檀したことをもって、その者及び親族の墓地使用権は当然に消滅している旨の主張もされました。墓地使用権が寺院との檀信徒加入契約に由来するということであればこのような理解もあり得るように思えますが、①墳墓は容易に他に移動できないという性質を有すること、②日本においては墳墓が先祖代々の墳墓と観念されていること、③国民の宗教生活上墳墓は尊厳性を持つべきことを要請されていることなどから、墳墓は必然的に「固定的且つ永久的性質を有すべきものとして観念されている」として、墓地使用権の設定契約が檀家加入契約に由来するとしても、それは墳墓と同様に永久性を持つべきものと述べました[60]。

この他にも、墓地使用権の性質について述べた裁判例としては、以下のようなものが挙げられます。

• 山形地判昭和39年2月26日[61]

本裁判例は、墓地使用権を「墳墓の所有者がその所有目的を達するために他人の土地を固定的、永久的且つ支配的に使用する物権的性質を具える権利」と判断し、慣習法による物権の成立が認められて然るべきとしました[62]。そして、墓地使用権に慣習法上の物権関係を認め

60　判旨は「これを象徴する言葉として永代借地権なる語が存するが、墓地使用権が法上いかなる権利に属するかどうかは別として墓地使用権の本来的に有する性質を現していると言えよう」と述べ、墓地使用権は永代借地権の性質を有していると判断した。

61　山形地判昭和39年2月26日下民15巻2号384頁。本件は、民法施行前より寺院所有地に集落の共同墓地が設置されていたところ、寺院が他宗派の寺院の檀徒らに対して墓石を収去して墓地を明け渡すことを求めた事案である。判旨は檀徒らに墓地使用権の存在を認め、寺院の明渡請求を認めなかった。

62　民法175条は「物権は、この法律その他の法律に定めるもののほか、創設することができない」と定めている。債権が契約などで創設できることに対して、物権は自由に創設することができない（物権法定主義）。墓地使用権は法律に定められた権利ではないが、本裁判例は、慣習法によって物権が成立し得ることを肯定した上で、墓地使用権が慣習法上の物権に属するとしても物権法定主義の秩序に混乱を生じさせないとして、墓地使用権に慣習法上の物権関係を認めた。

るのが相当として、先代が取得した墓地使用権は承継されていくものと判断しました。

• 東京高判昭和 46 年 9 月 21 日[63]

本裁判例は、「地上権ニ関スル法律」の施行以前から墓碑等墳墓のための工作物を所有する目的で墓地を使用してきた者について、当該墓地に地上権を有するものと推定されると判断しました[64]。

この裁判例は、A寺院（原告）が、A寺院の土地を使用して墓地を経営していたB寺院（被告）に対して明渡しを請求した事案であり、地上権者と推定されるべきは墳墓の所有権者であるB寺院の檀家ではないかという主張もされましたが、当該墓地にはB寺院の歴代住職の墓及び先々代の墓があり、当該墓地上に存在する無縁仏の墓はB寺院が管理していたことなどから、B寺院は当該墓地について墓地経営のため包括的な使用権を有していたのみならず、自らも墳墓所有のために土地を使用していたものとされ、B寺院が地上権者としての推定を受けることに妨げはないと判断されました。

• 仙台高判昭和 39 年 11 月 16 日[65]

本裁判例では、寺院（控訴人）の承諾のもとにその所有地内に墓所を設けている被控訴人について、寺院との間に存続期間の定めのない使用貸借契約が結ばれたと推認し、このような使用貸借においては、墳墓の永久性からいって特段の事情のない限り、一般に民法 599 条（現行民法 597 条 3 項）の適用を排除する特約が存続するものと判断しま

63　東京高判昭和 46 年 9 月 21 日高民 24 巻 3 号 344 頁。本件は、A寺院が、C寺院に対して、A寺院の所有地を墳墓地として使用することを許可したところ、C寺院からこの土地の一部を墳墓地として永代使用することを認められたB寺院が当該土地で墓地経営を行っていたため、A寺院がB寺院に対して墓地の明渡しを請求した事案である。判旨は、B寺院の墓地に対する地上権の存在を認め、A寺院の請求を棄却した。

64　地上権ニ関スル法律 1 条「本法施行前他人ノ土地ニテ工作物又ハ竹木ヲ所有スル為其ノ土地ヲ使用スル者ハ地上権者ト推定ス」

65　仙台高判昭和 39 年 11 月 16 日下民 15 巻 11 号 2725 頁。本件は、集落民である被控訴人らが共同して寺院（控訴人）の所有墓地に墓石を設置していたという事案である。被控訴人らはもともと各所有地内に墳墓を設置していたが、村長の指示によって寺院の承諾のもとに墳墓を寺院所有墓地に移転したという経緯がある。

した[66]。

この裁判例では、墓地使用者である被控訴人に使用貸借契約に基づき無償で墓地上に墓石を建設所有し墓所として占有使用する権原が認められ、寺院による墓地の明渡請求が棄却されました[67]。

このように、墓地使用権は民法典などには明記されていないものの、裁判例においてはその権利を前提とした判断が見受けられます。

その法的性質には上記のとおりさまざまな理解がありますが、墓地使用権の発生においては何らかの契約や合意に基づくことが多く、墓地使用権が持つ性質としては「固定性」と「永続性」が備えられているという理解が一般的ではないかと考えられます[68]。

すなわち、墓地使用権が発生した場合には、世代にわたって当該区画を墳墓の設置場所として使用させる義務を負うことになりますので、どのような内容で墓地を使用させるかを明確に定めておく必要があります。

66　旧民法599条「使用貸借は、借主の死亡によって、その効力を失う。」

67　控訴人は使用貸借契約が解除によって終了した旨も主張していたが、判旨は「墳墓の存置を目的とする墓地の使用貸借は、特に返還時期の定めがあったことを認められない本件においては、墳墓が存置せられてある限り契約に定めた目的による使用収益を終わらないものと解すべき」として、解除事由がない限り貸主から一方的に使用貸借契約を解除することはできないとし、本件には解除事由がないとして、この主張も認めなかった。

68　仙台高判平成7年11月27日判時1565号115頁は墓地使用権について「墳墓所有のために特定の区域の土地を固定的・永久的に使用し得るという内容の権利」と表現し、墓地使用者は墓地分譲契約によってこれを取得したと判断した。

Q２　納骨堂使用契約の法的性質

納骨堂の使用者との間ではどのような契約が締結されますか。

A　**納骨堂を使用させる契約が結ばれます。**

納骨堂の使用契約の法的性質については、遺骨（焼骨）の収蔵及び永代供養という事実行為を委託することを中核とする有償の準委任契約に類似した無名契約であるとした裁判例があります。

解　　説

１　納骨堂とは

納骨堂は、墓地埋葬法上、「他人の委託をうけて焼骨を収蔵するために、納骨堂として都道府県知事の許可を受けた施設」と定義されています（墓地埋葬法２条６項）。

すなわち、墓地使用契約が土地の使用を前提とするのに対し、納骨堂使用契約は建物（施設）の使用を前提とします。

２　納骨堂使用契約の法的性質

納骨堂を使用させる契約の法的性質についても、使用者との間でどのような合意をするかによって判断がされます。

東京地判令和３年４月23日 D1-Law.com 判例体系 29064569 は、自動搬送式の納骨堂を経営する宗教法人と使用者との間で締結された堂内墓使用契約について、契約の内容を解釈した上で、当該契約は使用者が宗教法人に対して、本件納骨堂において遺骨（焼骨）の収蔵及び永代供養という事実行為を委託することを中核とする有償の準委任契約に類似した無名契約であると判断しました[69]。

本件では、宗教法人から堂内墓使用契約は墓地使用権設定契約であるとの主張がなされましたが、裁判所は、参拝のための施設である本件納骨堂を利用する権利の売買ないし設定に係る契約という側面があることを認めつつも、本件契約の中核は、参拝する者がいなくなったとしても宗教法人が主体として遺骨の収蔵及び永代供養を行うという事実行為の委託にあると解されるとして、宗教法人の主張を排斥しました。

契約の性質は、どのような合意が行われたかという当事者間の意思解釈によって判断されるものですので、使用契約を結ぶ場合には合意の内容に誤解が生じないよう定めておく必要があります[70]。

---

69 本件は、宗教法人と堂内墓使用契約を締結した使用者が、同契約を消費者契約法４条２項に基づき取り消し、又は任意解除権に基づき解除したとして、支払済みの代金の返還等を求めた事案である。判旨は、消費者契約法４条２項の主張は認めなかったものの、本契約を「準委任契約類似の無名契約」と解釈した上で、民法 656 条、651 条１項の規定を類推適用して使用者からの契約解除を認めた。

70 納骨堂にも永代使用権が認められる場合は当然に存在し、例えば東京地判平成 28 年 10 月３日 D1-Law.com 判例体系 29021079 は、納骨堂の永代使用権があることを前提として事案への判断を行っている。

Q3　契約書の定め

? 墓地や納骨堂の使用者との間では契約書を取り交わした方がよいのでしょうか。

また、契約書を取り交わす場合には、どのようなことを記載すればよいでしょうか。

A　墓地や納骨堂の使用契約を設定するにあたって契約書を作成することは法的に強制されているものではありませんが、トラブルを未然に回避する観点からは契約書の作成は必須と考えられます。

契約書には、使用の条件や費用をはじめ、当事者間の権利義務が明確となるように定めておくことが重要です。

解　　説

1　契約書の意義

私人間で契約を締結するにあたっては、契約書などの書面がなければいけないということはありません。書面が存在せず、口頭での合意であっても契約は成立します（ただし、法律上、契約の成立に書面が要求されているものもあります[71]）。

しかし、実際の多くの契約においては契約書が作成されることが一般的であり、実質的には契約書の取交わしは必須であるといってよいでしょう。

契約書の存在しない契約の場合、万が一のトラブルになった場合には契約内容の証明をすることがきわめて困難となり、訴訟に進んでも主張が認められない可能性があります。

どれほど重要な合意事項であっても誤解なく長年にわたって双方が

71　書面性を要する契約の例としては保証契約（民法446条２項）や事業用定期借地権設定契約（借地借家法23条３項）などが挙げられる。

取決めを覚えておくことは困難ですので、将来のトラブルを防止する意味でも、契約書は取り交わしておくべきでしょう。

墓地や納骨堂の使用契約を締結する上では、契約書を個別に用意せずに「規則」や「規約」等の約款を用いている場合もあると考えられます。

契約書の目的は双方の合意事項を書面で残しておくことにありますので、必ずしも「契約書」という形式にこだわる必要はありません。そのため、寺院側で用意した「規則」や「規約」であっても有効性は認められますが、使用者側がこれらの存在をまったく知らなかったり、寺院側から何の説明もないような場合は問題です。

寺院側で用意した「規則」や「規約」を統一的に用いる場合であっても、使用者側にはきちんとその内容を確認しもらい、同意の書面を取るなどしておく必要があります。

2 契約書に定めるべき主な事項

墓地使用契約に関して、旧厚生省から標準約款が通知されています(以下「旧厚生省平成12年通達」といいます)[72]。

この標準約款は旧厚生省平成12年通達においても「一種の雛形として活用されることを期待するもの」として掲示されており、使用者との間で個別的な契約書を作成する場合であっても参考になります。

本標準約款には「墓地使用権型標準契約約款」と「埋蔵管理委託型標準契約約款」の２つの類型が示されています。前者は墓地使用権が設定され、代々墓地が承継されていく場合の契約書であり、後者はいわゆる「永代供養墓」の形式で、承継を前提とせず始めから経営者に埋蔵及び管理を依頼する場合の契約書を想定しています（各約款の詳細な定めは巻末付録Ⅱ及びⅢ参照)。

上記の標準約款は公益法人や宗教法人が経営する宗旨宗派を問わない事業型墓地[73]を前提とした約款となります。

72　平成12年12月6日生衛発第1764号

73　寺院が経営する墓地には、同一宗派に属する檀家のみに墓地使用を認める寺院境内墓地のほか、檀家以外の不特定多数の使用を可能とする事業型墓地がある。

したがって、寺院が檀家のために設置する寺院境内墓地については、本標準約款における条項を寺院境内墓地向けに修正する必要があります（詳細な定めは巻末付録Ⅳ参照）。

Q4　指定石材店制度

? **墓地使用契約を締結するに際して、墓石や石材店を指定する定めは有効でしょうか。**

A　**墓石や石材店を指定する定めが直ちに違法なものとなるとは考えられませんが、墓地使用者に対して説明をして一定の理解を得ておくことが必要です。**

解　説

1　指定石材店制度について

墓地使用契約を締結する場合、寺院側指定の石材店の墓石でなければ墓地を使用できないという取決めをする場合が考えられます。

いわゆる指定石材店制度と称される取決めですが、このような定めが独占禁止法[74]に違反しないかという問題がしばしば取り上げられます。

2　独占禁止法と指定石材店制度

独占禁止法19条は「事業者は、不公正な取引方法を用いてはならない」と定めており、ここでいう「不公正な取引方法」は公正取引委員会が告示によってその内容を指定しています[75]。

告示事項第10項には「抱き合わせ販売等」の禁止として「相手方に対し、不当に、商品又は役務の供給に併せて他の商品又は役務を自

74　正式名称は「私的独占の禁止及び公正取引の確保に関する法律」。
75　昭和57年6月18日公正取引委員会告示第15号（改正 平成21年10月28日公正取引委員会告示第18号）。

己又は自己の指定する事業者から購入させ、その他自己又は自己の指定する事業者と取引するように強制すること」と定められています。

指定石材店制度は墓地使用者の石材店選択の自由を不当に拘束するものとして告示事項10項に違反するのではないかという主張も考えられますが、指定石材店制度の趣旨は、墓石の保守を含めて一定水準の業者による墓地の継続的管理を行うことを目的とするものです。

このような趣旨からすると、同制度は必ずしも「不当」と評価されるべきではないと考えられます。

このように、指定石材店制度は直ちに独占禁止法に反するものとなるとは考えられません。

ただし、墓地使用者との間で無用なトラブルを防ぐためにも、指定石材店を複数社としたり、墓地使用者に対して指定石材店制度の説明をして理解を得ておくことが必要です。

Q５　寺院側からの墓地・納骨堂の使用契約の解約

?　寺院の側から使用者に対して墓地・納骨堂の使用契約を解約することはできますか。

A　当事者間で結ばれた契約にどのような定めがあるかにもよりますが、使用者が使用料や管理料を支払わないなどの契約上の債務を履行しない場合には寺院側から解除することができる場合もあります。

この場合には、使用者との間の信頼関係が破壊されたといえるかが一つのポイントになると考えられます。

解　説

1　墓地使用契約の終了

使用者との間で墓地使用契約を締結したものの、さまざまな事情によって契約を解約したいという場合が考えられます。

墓地使用契約は「永続性」が備えられている契約であって、使用者は長期にわたって墓地を使用することを想定して契約を締結していることが一般的であるため、寺院側から使用者の意向に沿わずに契約を終了させることができるのかということが問題になります。

また、墓地使用契約を締結することにより使用者に対して墓地使用権が生じます。

墓地使用権は「固定性」と「永続性」を備えた権利であり、墳墓所有のために特定区域の土地を固定的・永久的に使用し得る権利[76]であるため、賃貸借契約や使用貸借契約の場合と異なり、一定期間の経過をもって契約が終了するものではありません[77]。

76　仙台高判平成７年11月27日判時1565号115頁は墓地使用権を「永代使用権」と述べている。

2　寺院側から契約を解約する場合

一方で、どのような場合であっても寺院側から契約の終了を求めることができないというものではなく、使用者において契約上の解除事由に該当する債務不履行が生じたような場合には、寺院側からの契約の解除を主張できる場合もあります。

どのような場合に契約を解除することができるかについては、墓地使用契約書に明記しておく必要があります[78]。

ただし、契約上の解除事由に該当したことをもって直ちに墓地使用契約の解除が認められるわけではなく、当該債務不履行によって寺院と使用者との間の信頼関係が破壊され、契約の継続が困難であると判断されるような場合に解除が認められると考えられています。

賃貸借契約を解除する場合にはいわゆる「信頼関係破壊の法理」が論じられますが[79]、墓地使用契約においても同様の考え方が妥当すると考えられ、東京地判平成21年10月20日は、墓地使用契約が「寺院と檀徒という特別な関係にある当事者間で締結され、墓地という永続する物を目的とする継続的な契約であって、その性質上、当事者間の信頼関係を基礎とするものであるから、債務不履行によって信頼関係が破壊され、本件契約を継続することが困難であると認められる場合には、本件契約を解除することができる」と述べ、結論としては寺院側からの契約の解除を認めませんでした[80]。

このような考え方からすると、仮に使用者において管理料などの滞納があった場合でも、それが短期間にとどまる場合には直ちに墓地使用契約の解除はできないものと考えられます[81]。他方、管理料の滞納

77　もっとも、近年では期限付の墓地使用契約が結ばれるケースも増えており、使用期間の経過後は墓を取り壊し、焼骨は永代供養墓などに改葬されるという内容の契約が締結されることもある。このような契約が結ばれた場合には、契約期間の満了をもって墓地使用契約は終了することになると考えられる。

78　旧厚生省平成12年通達の標準約款においても契約の解除事由が例示されている。一般的には使用料や管理料の滞納、目的外使用の場合などが考えられる。

79　賃貸借契約の解除は当事者間の信頼関係が破壊された場合に限って認められるという理論であり、多くの判例によって確立されている（最2小判昭和27年4月25日民集6巻4号451頁など）。

80　東京地判平成21年10月20日判時2067号55頁。

が相当長期にわたった場合には、信頼関係が破壊されたと認められ、契約の解除が可能になると考えられます。

なお、寺院が墓地使用契約を解除した場合、まず使用者に、使用者自らによる、任意での焼骨の引取り及び墓石の撤去を求めることになりますが、使用者がこれに応じなかったときでも、寺院自ら焼骨を取り出し、墓石を撤去することは、墓地埋葬法上の問題があります。

焼骨を移動させることは「改葬」にあたるところ、墓地埋葬法施行規則２条は、市町村長の改葬の許可を受けようとする者は「墓地使用者等以外の者にあっては、墓地使用者等の改葬についての承諾書又はこれに対抗することができる裁判の謄本」を申請書に添付することを求めています。

つまり、改葬する場合には使用者の承諾書もしくは裁判所の判決謄本又は正本が必要となるため、契約を解除したからといって、寺院が一方的に焼骨を取り出し、墓石を撤去することはできません。

使用者の承諾を得ることは現実的には困難でしょうから、使用者に対して墓地明渡請求訴訟を提起する必要があることに注意してください。

永代供養墓の場合には、管理料については契約締結時に一括して支払う場合が多いと考えられますので、管理料の支払が済んでいる場合には使用者において債務不履行が生じる余地が考えづらく、寺院側から使用者に対して解除を主張する場合は少ないと考えられます[82]。

81　旧厚生省平成12年通達の標準約款においては、管理料不払いの場合に契約を解除することができるという定めについて、１年の不払期間をもって解除することができるとすることは短すぎると述べている。どの程度の期間にわたって不払いであれば解除することが相当であるかは一概に決められないが、数年間の不払期間が生じていなければ契約の解除は困難であると考えられる。

82　旧厚生省平成12年通達の標準約款においても、委託管理料の支払が委託者にとって「唯一の義務」と記載しており、これが履行されない場合に解除を認めることは当然としているが、それ以外の場合の解除事由は例示されていない。

Q6　使用者側からの墓地・納骨堂の使用契約の解約

? 使用者の側から墓地・納骨堂の使用契約の解約を申し出られた場合には応じなければなりませんか。

A　使用者の側から解約を申し出られた場合には、基本的には契約は終了することになると考えられます。

この場合、使用者から既に支払われた使用料や管理料を返還しなければならないのかという問題が生じます。

解　説

1　墓地使用者から解約を申し出られた場合

墓地使用者から契約の終了を申し出られた場合、基本的には契約を終了させることが相当と考えられます。墓地使用権は墓地使用者に認められた権利であるため、使用者側から永続的な使用権を放棄することは自由であると考えられるためです。

なお、契約の解除理由として、寺院において墓地の環境整備を適切に行っていなかったという主張が使用者側から提起されることがあります。墓所の清掃等については使用者が管理するということが一般的に定められていますが、墓地全体の管理については寺院側が行うことが求められています[83]。墓地全体の管理があまりにもずさんであると、行政庁から整備改善命令が出されることもあるため注意が必要です[84]。

また、納骨堂における永代供養墓の場合にも使用者から契約の解除

83　旧厚生省平成12年通達の標準約款においても墓所か墓地全体かによって管理の主体が分かれている。

84　墓地埋葬法19条。これに従わない場合は刑罰が科されることもある（墓地埋葬法20条2号）。

を申し出られることがあります。

永代供養墓を使用させる契約の場合、契約の性質は委託契約であると考えられることが多く、この場合には民法の規定が類推適用されて使用者はいつでも契約を解除することができると考えられます[85]。

2 既払費用の返還

(1) 墓地の場合

墓地使用者から契約の解約を求められた場合、契約の終了自体よりも、既払の使用料の返還について問題となるケースが多くみられます。

墓地使用契約を締結した場合、管理料の他に使用料を一括して支払うということが一般的にも見受けられます。使用者から墓地使用契約の解約が申し出られたとき、解約と併せて使用料の返還請求が求められることがあり、裁判で争いになるケースもあります。

この場合に使用料を返還しなければならないかどうかは契約にどのような定めがあるかにもよりますが、京都地判平成19年6月29日は、使用料返還についての定めがなかった墓地使用契約について、墓地使用料は使用期間に対応した使用の対価ではなく、墓地使用権の設定に対する対価であると判断し、使用者からの返還請求を認めませんでした[86]。

(2) 納骨堂の場合

納骨堂における永代供養墓の場合、使用料は、寺院が遺骨を保管して永代供養を行うという行為自体への対価として支払われるものと考えられるため、契約の終了によって保管及び供養が中途で終了した場合には、この部分に相当する使用料は返還されるべきという裁判例が

85 東京地判令和3年4月23日は、堂内墓使用契約について有償の準委任契約に類似した無名契約であると判断した上で、民法656条、651条1項の規定を類推適用して、使用者がいつでも契約を解除できるとした。

86 京都地判平成19年6月29日裁判所ウェブサイト。本件では墓地使用契約の本質を「墓地使用権設定契約」であると評価し、使用料の支払によって契約当事者の債務が履行されると判断している。そして、使用者からの解約申入れは墓地使用権の放棄であるとして、支払済みの使用料についての不当利得返還請求権は発生しないと結論付けた。

あります。大阪地判令和２年12月10日は、契約の性質について「被告（筆者注：寺院）が原告のために遺骨又は遺品を保管することを約し、その寄託の報酬として原告が被告に対し永代使用料を支払うという内容の有償の諾成的寄託契約に、被告が原告のために永代供養という役務提供を行うことを約するという内容の準委任契約が付随した混合契約」と解釈し、使用料として支払われた金員について「遺骨又は遺品を永代にわたって保管し、供養することに対する報酬の部分」と「それを受けることができる地位を取得するための対価としての部分」に分け、前者については契約が終了したことによって寺院の報酬請求権が発生しないと判断し、使用者からの返還請求を認めました[87]。

紛争を未然に防止するためにも、契約が終了した場合に使用料の返還が必要であるかどうかは契約書に明記しておくべきであると考えられます[88]。

87　大阪地判令和２年12月10日判時2493号17頁。なお、東京地判令和３年４月23日も、契約の性質を「遺骨の収蔵及び永代供養という事実行為を委託することを中核とする有償の準委任契約」と判断し、既払の使用料及び管理料の一部について返還請求を認めた。

88　旧厚生省平成12年通達の標準約款においても、使用者による契約の解除の場合に使用料の返還請求ができないことを明記している。なお、契約書に使用料の不返還条項を定めた場合であっても、内容によっては消費者契約法により無効と判断される可能性があるため注意が必要である。

~コラム~
◇墓じまい◇

墓じまいとは、墓地に納められている遺骨を取り出して墓石を撤去し、墓地区画を更地にして、墓地使用権を寺院に返還することです。

近時、家族や親族がおらず墓地使用権の承継者がいない、遠方にある先祖代々の墓を管理できなくなった等の理由で、寺院に墓じまいを申し出るケースが増えてきています。

墓じまいの手続きや墓じまいを行うにあたっての注意点は以下のとおりです。

⑴ 墓地使用権者であることの確認

まず、墓じまいを申し出た方が、墓地使用者または祭祀承継者に該当するかを慎重に確認する必要があります。親族間で、誰が祭祀承継者なのかについて争いが生じている場合に、親族の一人による申出によって墓じまいを実行してしまうと、後に深刻なトラブルが生じる恐れがあります。

⑵ 遺骨を取り出して移転させ、更地に戻す作業

墓地に納められている遺骨を取り出した後、どのように取り扱うかによって、法律上の手続が異なります。

① 自宅に保管して供養する場合や散骨を行う場合

取り出した遺骨を自宅に置いて供養する場合（手元供養）や散骨の場合には、墓地埋葬法に定める「改葬」に該当しないため、法律上の規制がありません。

② 他の墓地や納骨堂に納める場合

墓地から取り出した遺骨を他の墓地に移す場合は「改葬」に該当するため市町村長の許可が必要となります（墓地埋葬法５条１項、墓地埋葬法施行規則２条）。

次に、寺院の典礼に則り、閉眼供養（墓石から魂を抜き、単なる石に戻すこと）などの典礼を執り行います。

また、遺骨の撤去後、墓地使用者（又は祭祀承継者）には墓地区画を更地にして返還する義務があります。不要となった墓石は産業廃棄物として処理されるため、都道府県知事の許可を得た産業廃棄物処分業者に委託する必要があります。依頼した業者が不適法な処分を行った場合には、当該業者が刑事罰に処せられる可能性がある他、委託者も同様な刑事罰が科される可能性があります。そこで、墓じまいを申し出た墓地使用者等に対して、遺骨の撤去後の作業について説明し、適法な産業廃棄物処分業者に依頼して履行してもらうよう促しましょう。

(3) 事務上の手続き

① 埋蔵証明書の発行

改葬に際し、寺院から埋葬の事実を証明する「埋蔵証明書」を発行します。

② 離檀料を巡るトラブル

墓じまいに際して、最もトラブルになるのが離檀料の支払です。離檀料とは、一般に、墓じまいを行い離檀するにあたって、謝礼として支払うお布施のことをいいます。寺院によっては、離檀の際に一定の金額を慣習として請求しているところもあると思われます。

では、法律上、離檀料を支払う義務はあるのでしょうか。墓地使用契約や墓地使用規則に離檀料の定めがない限り、離檀料支払の明確な法的根拠はありませんが、離檀料はお布施の一種と解されていることから、離檀料について契約や規則に記載されていない場合が多いと思われます。そうすると、契約や規則に定めがない以上、墓地使用者に離檀料を支払う法的義務はなく、任意の支払がない限り請求することはできません。

近時、改葬許可の申請に必要な埋蔵証明書を発行する条件として、寺院が高額な離檀料を求めるケースが散見されますが、こうした寺院の対応は、場合によっては不法行為（民法709条）に該当し、損害賠償責任を負う可能性もありますので注意が必要です。

現実的な対応としては、閉眼供養などの典礼の際にいただくお布施以上の対価を求めない、又は墓地使用規則等に墓じまいの際の事務費用として一定の合理的な金額を明記してあらかじめ墓地使用者の同意を得ておくことなどが考えられます。

③　永代使用料の返還請求

また、墓じまいの際に、すでに支払済の永代使用料の返還を要求される場合もありますが、これについてはＱ６を参照ください。

Q７　滞納者への対応

墓地の使用料や管理料を滞納している使用者にはどのような請求をすることができますか。

A

滞納分の使用料や管理料の請求を行うことができます。
滞納状態が続く場合には、契約を解除することも考えられます。

解　　説

1　滞納分の請求

(1)　「使用料」と「管理料」の考え方

墓地使用契約を締結した場合、使用者は「使用料」と「管理料」の２種類の費用を支払うものとされているケースが一般的です。

使用料と管理料の定義は法定されておりませんが、旧厚生省平成12年通達の標準約款[89]においては、使用料は「墓地使用権設定の対価」とされ、管理料は「経営者が責任を負う墓地の管理のために要する費用」として説明されています。一般的には、使用料は墓地使用契約の締結時に一括して支払い、管理料は毎月もしくは毎年にわたって支払われる方法が多くみられます。

なお、永代供養墓のように埋蔵及び管理（供養）を寺院に委託する契約の場合には、毎月もしくは毎年の管理料を支払っていくという方法ではなく、契約時に委託管理料を一括して支払うという方法が多くみられます。

89　前掲注72）

(2) 使用料や管理料が支払われない場合

これらの使用料や管理料が使用者から支払われない場合に、寺院としてはどのような手続を取ることが考えられるでしょうか。

墓地使用契約における使用料や永代供養墓の委託に伴う委託料については、これらが支払われない限りは寺院側でも墓地を使用させる必要が生じませんので、すみやかにこれを支払うよう請求した上で、滞納が続くようであれば契約を解除するということが考えられます。

管理料の滞納についても、まずは滞納分を精査して支払請求を行うことになります。請求については、後の紛争を防止する意味でも配達証明書付きの内容証明郵便で行うことが適当です[90]。

なお、使用料・管理料の双方とも、権利を行使することができることを知った時点から５年間で時効により債権が消滅してしまいますので、定期的な債権管理を行うことが必要です[91]。

(3) 請求を行っても支払われない場合

滞納された管理料の請求を行っても支払が行われない場合には、訴訟等の法的手段による解決を検討する必要があります。

管理料支払請求の通常訴訟を申し立てることも考えられますが、一般的に管理料は低額で滞納状態が生じていること自体には争いもないことが多いと考えられますので、少額訴訟によることも検討すべきです[92]。

少額訴訟は、60万円以下の金銭の支払を求める場合に限り利用することができる手続で、１回の期日で審理を終えて判決をすることが原則となっています[93]。手続の中で和解を行うこともできますので、相手方との間で話合いができるようであれば、支払方法などについて

90　後述するように、滞納が続く場合には契約を解除することも検討すべきであるところ、催告を行ったことは解除の相当性を判断する上でも重要な事実となるので、証拠化しておくことが必要である。

91　民法166条１項１号。なお、この場合の「権利を行使することができることを知った時」とは、基本的には契約で定められた支払期日をいい、滞納状態を認識した時点ではないと考えられるので注意が必要である。

92　管理料の支払に加えて墓地使用契約を解除して墓地の明渡しを求める場合等には少額訴訟を行うことはできず、通常訴訟によらざるを得ない。

93　ただし、被告が通常訴訟の手続を希望した場合には通常訴訟の手続に移行する。

裁判所をまじえて協議をし、和解によって解決することも可能です。

このほかにも、民事調停や支払督促の申立てを行うことも考えられます[94]。

2　滞納を理由とした契約の解除

使用料や管理料を滞納した場合には、使用者との間の契約自体を解除するということも考えられます。

このような場合に契約を解除することができるかについては、まずは契約書の定めに従うことになりますので、使用料や管理料の滞納があった場合には寺院側から契約を解除することができる旨を契約書に明記しておくべきです。

管理料の滞納の場合には、墓地使用契約がいわゆる永続性を前提とした契約であることから、使用料の滞納と比べて、墓地使用に対する直接かつ重大な債務不履行とまでは必ずしもいえず、直ちに契約の解除が認められるわけではないと考えられています。

墓地使用契約は当事者間の信頼関係を基礎とするものであるため、債務不履行によって信頼関係が破壊され、契約の継続が困難と判断されるような場合には契約の解除が認められると考えられています[95]。

どのような場合に信頼関係が破壊されたと評価できるかはケースバイケースとなりますが、旧厚生省平成12年通達の標準約款においても1年程度の管理料の滞納をもって契約を解除することができるという定めは相当ではない旨が指摘されていますので、管理料の滞納が数年間にわたるような場合でなければ解除が認められることは困難であると考えられます[96]。

94　民事調停は裁判所をまじえた話合いによる解決を目指した手続で、協議が調わない場合は調停不成立となり手続は終了する。支払督促は書類審査のみで進められる手続だが、相手方が異議を申し立てると民事訴訟の手続に移行する。いずれの手段も一長一短があるため、滞納の状況やこれまでの相手方の対応なども踏まえながら手続を選択すべきである。

95　東京地判平成21年10月20日判時2067号55頁。

96　大阪地判平成25年12月12日D1-Law.com判例体系28272533は、約19年間に及ぶ管理料の滞納が生じていた事案について、墓地使用契約を解除することは許容されると述べている。

Ｑ８　管理料の改定

? 墓地の管理に経費がかさむようになってきたので、管理料を増額することはできますか。

A　どのような場合に管理料の改定が行われるか、あらかじめ契約書等に明記しておくことが適当です。

使用者に対しては改定の理由を通知して理解を得ておくことが必要と考えられます。

解　　説

1　管理料の改定

長期間にわたって墓地を経営していく中で、管理料の見直しをする必要が出てくることもあります。

寺院による管理料の改定権については、墓地管理に関する費用を賄うという管理料の趣旨から自然に導き出せるという考え方もありますが、使用者に対する「不意打ち」とならないためにも、契約書にルールとして明記しておくべきと考えられます[97]。

2　改定の方法

使用者と個別に契約書を作成しているわけではなく、定型約款を用いて管理料を定めている場合、約款を改定して管理料を増額すること

97　旧厚生省平成12年通達の標準約款においては、管理料が改定される場合として「物価の変動等」という記載がされているが、必ずしも物価の変動が生じた場合のみに管理料の改定ができるというものではない。どのような場合に改定が行われるかは使用者としても関心が高い事項であるため、できる限り特定がされるべきである。

ができるかということが問題となります[98]。

定型約款を変更した場合、使用者と個別に合意をすることなく管理料の増額をすることができますが、そもそも定型約款の変更が可能であるかは慎重な検討が必要です。民法上は、①定型約款の変更が、相手方の一般の利益に適合するとき、②定型約款の変更が、契約をした目的に反さず、かつ、変更の必要性、変更後の内容の相当性、定型約款の変更をすることがある旨の定めの有無及びその内容その他の変更に係る事情に照らして合理的なものであるとき、のいずれかの場合に定型約款の変更ができるとされていますが、管理料の増額の場合、①に該当することは困難と考えられますので、②の要件に該当するかを検討する必要があります[99]。

また、個別の使用者との合意によって改定をする場合には、その理由とともに、書面によって使用者に対して通知を行う必要があります。

管理料の値上げについて理解が得られない場合には、値上げ幅の見直しを行うなどして可能な限りの調整を行い、当事者間での話合いがまとまらない場合には調停等の裁判上の手続[100]も検討することになります[101]。

98　民法上は「ある特定の者が不特定多数の者を相手方として行う取引であって、その内容の全部又は一部が画一的であることがその双方にとって合理的なもの」を定型取引と定義し、「定型取引において、契約の内容とすることを目的としてその特定の者により準備された条項の総体」を定型約款と定義している（民法548条の2第1項）。

99　民法548条の4第1項1号、2号。定型約款の変更は相手方の個別の合意を必要としない契約の変更であるため、変更が認められる場合は限定的であることに注意が必要である。

100　管理料の増額について協議が調わなかった場合、訴訟を提起することが可能かという点が問題となる。この点について、建物の共益費の増額を求めた東京地判平成元年11月10日判時1361号85頁は「共益費、清掃費についても、物価、公共料金、人件費その他の要因によりその増減の必要を生ずることは賃料の場合と変りがないから、本件の共益費及び清掃費についてはその増減の請求につき賃料の増減額に関する借家法の規定の準用を認めるのが相当である」と述べ、共益費の増額請求を認めている。墓地の管理料についても本判例の射程が当然に及ぶものかは定かではないが、当事者間の協議が調わない場合には訴訟上の手続も検討する余地はあるものと思われる。

101　使用者から管理料の減額が求められる可能性もある。管理料の改定権が寺院にのみ存在することが明記されている場合には、そもそも使用者から申出を行うことはできないとも考えられるが、管理料の相当性について十分に説明した上で理解を得ることが必要であろう。

Q9　放置された墓地への対応

？ 管理料の滞納が続いたまま使用者と連絡が取れなくなった場合、放置された墓地の墓石と遺骨を撤去することはできますか。

A　一方的に墓石や遺骨を撤去すると損害賠償請求を受けるリスクがあります。

可能な限り墓石所有者の相続人などを調査した上、墓地使用契約を終了させる手続を取るべきと考えられます。

解　　説

1　墓石等を一方的に撤去する際のリスク

墓地使用契約を締結したにもかかわらず、墓地の手入れが行われず、管理料も滞納されたまま放置されているケースがあります。

このような場合、墓地使用者に対して管理料の滞納について催告を行い、滞納が改善されない場合には墓地使用契約を解除することによって墓地を明け渡してもらうという方法が考えられます。

一方で、墓地使用者に対して管理料の滞納について通知を行ったものの何らの連絡も行われなかったり、墓地使用者の所在が不明になっていた場合、寺院において一方的に墓石等を撤去して原状回復を行うというケースも散見されます。

しかし、寺院側において一方的に墓石や遺骨を撤去することは、後日に墓地使用者が現れた場合、損害賠償請求をされるおそれがあるため注意が必要です。

東京地判平成19年2月8日D1-Law.com判例体系28265592は、使用者が代々にわたって遺骨を納め墓地として使用してきた墓所を、寺院が無縁墓と取り扱って墓石を撤去し第三者に新たな墓地として使用させたことについて、寺院が墓地埋葬法上の改葬の手続を行っていなかったことなどにも鑑み、墓石の撤去は違法であって不法行為を構成するとして、寺院に対する損害賠償請求が認められました[102]。

また、高松高判平成26年2月27日は、寺院が墓地を無縁墳墓であると判断して調査義務を尽くさないで改葬行為を行ったことには過失があるとして、遺骨を取り出し墓石を撤去したことは不法行為に該当するとして、寺院に対する損害賠償請求を認めました[103]。

墓石や遺骨を撤去することについて、大阪地判平成25年12月12日 D1-Law.com 判例体系 28272533は、その行為の性質上、墓石等を祀る関係者の宗教的感情や精神の平穏を著しく害する高度の蓋然性があるものといわざるを得ないと述べ、祭祀を執り行う者の承諾、あるいは、墓地管理上の顕著な必要性その他正当な理由がない限り、不法行為の成立を認めるべきと判断しています[104]。

遺骨や墓石の撤去は使用者やその相続人にとってきわめて重要な結果を引き起こすことになるため、墓地の管理者である寺院であっても軽々と行うべきではないと考えられています。

102　本件の原告は被告寺院とは別の寺に墓地の管理費を支払い続けており、判旨は本件墓地を無縁墳墓と認定していない。なお、仮に被告寺院が本件墓地を無縁墳墓と認識していたとしても、被告寺院は無縁墳墓として墓石を撤去し新たな永代使用権を設定するために必要な手続をまったく履践していなかったことから、被告寺院は本件墓石を撤去する権限を有していないと判断している。

103　本件の墓地使用者は数年間管理料を支払っておらず、墓石には使用者に対して連絡を求めるプレートが貼付されていたにもかかわらず寺院に連絡を行わなかった。原審である徳島地判平成25年7月17日 D1-Law.com 判例体系 28270121はこのような事実関係を重視して寺院の改葬行為に過失はなく、不法行為に該当しないと判断した。一方で、控訴審では墓石の破壊・撤去という行為の重大性に着目し、原審が認定したような事情をもって寺院に過失がないとは認めず、本件墓地に墓参りの形跡があったこと等から寺院としては相当期間をかけて使用者の調査を尽くす義務を負うと判断している。

104　本件では墓地使用者である原告が19年間という長期間にわたって管理料を滞納しており、寺院側は滞納管理料の支払請求とその支払がなければ墓石の撤去を行うことを複数回通知していることなどの事情から、墓地管理上の顕著な必要性あるいは正当な理由が存するものとして、墓地の使用契約を解除し、その結果として墓石等を撤去することは許容されると述べ、寺院による墓石の撤去について不法行為の成立を認めなかった。ただし、寺院が墓石の撤去に際して墓地埋葬法上の手続を履践していなかったことについては不法行為が成立するとして、結論として寺院に対する損害賠償請求を一部認めている。

2　使用者の調査

上記のようなリスクを低減させるためにも、放置されている墓地の使用者や相続人の所在についての調査は十分に行う必要があります。

まずは、墓地使用契約を締結する際に、使用者の連絡先を把握し、管理しておくことが重要です。使用規則において、連絡先が変更になった場合に、寺院への連絡を義務付けておくことや、万が一に備えて使用者とは別の緊急連絡先や親族の連絡先も確認しておくことも考えられます。

使用者と連絡が取れなくなった場合、戸籍や住民票の調査を行い、関係者への連絡を試みます。また、墓地の入口や該当墓石に立札を立てるなどの方法で墓参りに訪れた関係者から連絡をしてもらうよう試みることも考えられます。このような調査には相応の期間が必要とされており、1年程度の調査では足りないと判断される可能性があります[105]。

105　どの程度の期間が適切であるかについて統一的な判断はないが、民法上の失踪宣告の期間を基準として7年程度の期間が必要ととらえる考え方もある（民法30条1項）。

~コラム~

◇墓地使用権の承継◇

墓地使用契約の当事者である使用権者が亡くなった場合、誰が墓地使用権を承継するのでしょうか。

(1) 墓地使用権の承継者の決定方法

相続人は、相続開始の時から、被相続人（亡くなった人）の財産に属した一切の権利義務を承継します（民法896条）。しかし、墓地使用権は、一般の相続財産とは異なった取扱いがなされます。民法897条1項では「系譜、祭具及び墳墓の所有権は、前条の規定にかかわらず、慣習に従って祖先の祭祀を主宰すべき者が承継する。ただし、被相続人の指定に従って祖先の祭祀を主宰すべき者があるときは、その者が承継する」、同条2項では「前項本文の場合において慣習が明らかでないときは、同項の権利を承継すべき者は、家庭裁判所が定める」と規定されています。また、墓地使用権は、祭祀財産たる「墳墓」と一体視すべきものと解されており、「墳墓」に含まれます。

そうすると、墓地使用権の承継は、①被相続人の指定による、②かかる指定がない場合には慣習に従う、③慣習が明らかでない場合には家庭裁判所の調停・審判により定めることとして、当事者間で紛争が生じた場合にも、最終的には家庭裁判所で決定されることになります。なお、上記の①~③の方法以外に、関係当事者の合意・協議によって祭祀財産の承継者を定めることができるかが問題となりますが、「民法897条にこれを排除する趣旨は窺われず、実際上も関係当事者間の合意・協議によって承継者を決めている場合が多く、調停による解決も可能であることとの均衡を考慮すれば、これを認めるのが相当である」として肯定されています（東京家審平成30年11月22日判例秘書L07360033）。

(2) 寺院の対応

祭祀承継者は以上のように決められるとして、寺院は、墓地使用者が亡くなった場合、具体的にどのように対応すればよいのでしょうか。

まず、相続人に対して、墓地使用権の承継について問い合わせ、上記①、②の方法又は協議によって、相続人間で次の墓地使用者が争いなく決定されている場合には、その方を新しい墓地使用者として扱い、墓地使用権の承継書等※を提出させます。

他方、相続人間で誰が次の墓地使用者に就くかについて争いが生じて決定が難航しているような場合、相続人に対し、家庭裁判所に祭祀財産承継者指定の調停を申し立てるよう促します。この調停手続きにおいて、調停（話合い）ないし審判で祭祀承継者が定められた場合には、その方を新しい墓地使用者として扱います。

以上が墓地使用者が亡くなった場合の対応ですが、近時は、墓地使用者が亡くなった場合に墓地使用者の相続人（特に子供）の連絡先を把握できておらず、相続人に連絡を取る段階で手続が滞る場合も散見されます。

このような事態を避けるために、墓地使用者から、相続人となる親族の連絡先を定期的に提出させる手続を取っておくことをお勧めします。

※墓地使用権の承継者に、当該相続人が墓地使用権を承継することに他の相続人が同意していること、また墓地使用規則を遵守することを確約させる内容の書面。

Q 10　無縁墳墓への対応

放置されている墓地が無縁墳墓の場合、どのような対応を取る必要がありますか。

A　**原則としては相続財産清算人と交渉をして墳墓の撤去等を求めることが考えられます。**

また、無縁墳墓内に埋蔵されている遺骨を別の場所に移す場合には、行政上の手続として改葬手続が必要になります。

解　説

1　無縁墳墓の問題

無縁墳墓とは、死亡者の縁故者がない墳墓又は納骨堂と定義されています（墓地埋葬法施行規則３条）。

墓地が手入れもされずに放置されている場合、墓地使用者やその相続人の所在を調査して連絡を取る必要がありますが（Q９参照）、調査を尽くしたものの、墓地使用者は死亡しており縁故者も見つからず、無縁墳墓に該当するというケースもあります。

無縁墳墓を放置することは墓地全体の景観や衛生を損なうおそれがあり、他の使用者からクレームが生じることにもなりかねませんので、何らかの対応を取ることが必要と考えられます。

墓地使用者が死亡している場合、相続人がいないことを理由として、寺院が利害関係人として相続財産清算人の選任請求を家庭裁判所に申し立てることが考えられます（民法952条１項）。

相続財産清算人が選任された後は、相続財産清算人と交渉して墳墓の撤去等を求めることになるのが原則です。

また、墓地使用規則に「無縁墳墓になった場合には、墓地使用権が消滅したものとして、墓石を撤去の上、埋蔵された焼骨を合祀墓に移転することができる」などと定めておき、あらかじめ使用者に合意を得ておくことも、トラブル回避のためには重要になると考えられます。

ただし、この場合であっても、無縁墳墓に該当するかどうかの調査は徹底的に行う必要があります。

2 改葬手続（行政上の手続）

無縁墳墓を整理するため、無縁墳墓内に埋蔵されている遺骨を別の永代供養墓などに移す場合には、改葬手続が必要になります。

無縁墳墓の改葬には、一般的な改葬許可申請書の他に次のような書類を用意し提出する必要があります（墓地埋葬法施行規則３条）。

①墓地又は納骨堂の管理者の作成した埋葬もしくは埋蔵又は収蔵の事実を証する書面

②無縁墳墓等の写真及び位置図

③死亡者の本籍及び氏名並びに墓地使用者等、死亡者の縁故者及び無縁墳墓等に関する権利を有する者に対し１年以内に申し出るべき旨を、官報に掲載し、かつ、無縁墳墓等の見やすい場所に設置された立札に１年間掲示して、公告し、その期間中にその申出がなかった旨を記載した書面[106]

④官報の写し及び立札の写真

⑤その他市町村長が特に必要と認める書類

無縁墳墓における行政上の手続については、特に③の手続を履践することが重要です。

なお、行政上の改葬手続を適法に行った場合であっても、民法上の権利義務に変動を及ぼすものではありません[107]。

106　立札は公告の趣旨が明瞭に読み取れるものでなければならず、また、対象墳墓との関係が把握できるものでなければならないため、墳墓と立札の位置は密接している必要があると考えられる。

行政上の改葬手続を済ませた後であっても、墓地使用者（又は承継人等）から民事上の責任追及がなされる可能性は依然としてありますので、無縁墳墓の調査は慎重に行う必要があります。

107　生活衛生法規研究会監修『新訂 逐条解説 墓地、埋葬等に関する法律 第３版』（第一法規、2017年）

Q 11　墓地埋葬法 13 条の「正当の理由」とは

当寺の境内墓地の使用者が異なる宗派に改宗離檀したのですが、その者からの埋葬依頼を断ることはできますか。墓地埋葬法 13 条に定められた「正当の理由」とはどのような場合でしょうか。

A　使用者が改宗離檀したことのみをもって埋葬依頼を断ることは墓地埋葬法 13 条の「正当の理由」に該当しない可能性があります。自宗派の典礼との関係や墓地管理上の観点から判断してやむを得ないといえる場合か否か判断する必要があります。

解　　説

1　墓地管理者の応諾義務

墓地、納骨堂又は火葬場の管理者は、埋葬、埋蔵、収蔵又は火葬の求めを受けたときは、正当の理由がなければこれを拒んではならないとされており、墓地への埋葬依頼については基本的に応じなければならないことが定められています（墓地埋葬法 13 条）。

このような規定が定められた趣旨は、埋火葬等の施行が円滑に行われ、死者に対する遺族等関係者の感情を損なうことを防止するとともに、公衆衛生その他公共の福祉に反する事態を招くことがないようにするためと考えられています[108]。

埋葬は墓地以外の区域に行ってはならず（墓地埋葬法 4 条 1 項）、墓地の経営は都道府県知事の許可を得なければならないことが定められているところ（墓地埋葬法 10 条 1 項）、墓地使用者としてもどこからも受入れを拒否されるという事態は避けたいものと考えられます。

108　生活衛生法規研究会監修『新訂 逐条解説 墓地、埋葬等に関する法律 第 3 版』（第一法規、2017 年）

一方で、墓地管理者としても、どのような場合であっても埋葬依頼を拒否できないということになると墓地全体の管理の観点からも問題が生じることがありますので、どのような場合に「正当の理由」が認められるかは重要な問題です。

2　墓地使用者の離檀

離檀という言葉は、一般的には檀家契約を解消して檀家をやめることをさす言葉です（法律によって定義された用語ではなく、墓地埋葬法にも出てきません）。檀家契約に加えて墓地使用契約も締結していた場合、離檀によって檀家でなくなった者との墓地使用関係が問題になることがあります[109]。

3　墓地埋葬法 13 条の「正当の理由」

それでは、墓地埋葬法 13 条にいう「正当の理由」にあたる場合とはどのような場合でしょうか。

津地判昭和 38 年 6 月 21 日は、改宗した墓地使用者からの埋葬依頼を拒絶することが墓地埋葬法 13 条にいう「正当の理由」にあたるかという問題が判断された裁判例です[110]。

本裁判例では、まず「正当の理由」の内容について、墓地埋葬法が墓地の埋葬蔵等が国民の宗教的感情に適合し、かつ公衆衛生その他公共の福祉の見地から支障なく行われることを目的として制定された法律であることに鑑み、このような立法の精神に照らし社会通念の上から解釈していくと述べました。

そして、寺院墓地の歴史的沿革を踏まえた上で、寺院墓地は従来か

109　離檀に際しては、離檀料の請求が問題になることがあるが、離檀料についても法の定めはなく、離檀したことのみをもって金銭の請求を行うことができる法的根拠はない。離檀料についてあらかじめ契約や規約で定めておいた場合には、契約上の義務を理由として離檀料を請求できる場合も考えられるが、金額が不明であったり、あまりにも高額であったりする場合には条項自体が無効と判断される可能性もあるので注意が必要である。

110　津地判昭和 38 年 6 月 21 日下民 14 巻 6 号 1183 頁。

らその寺院の檀家からの埋葬蔵の依頼のみを取り扱ってきたもので、異なる宗派の者からの埋葬蔵の依頼は起こり得なかったという慣行があるとして、墓地埋葬法13条の解釈をする上でもこのような慣行を無視することは許されないとしました。

その上で、従来から寺院墓地に先祖の墳墓を有するものからの埋葬蔵の依頼に対しては、その者が改宗離檀したことを理由としては原則としてこれを拒むことができないと判断しました[111]。判旨は、このような結論に至った理由として、墓地使用者が取得した墓地使用権の固定性と永久性に着目し、墳墓の祭祀を司る者が改宗離檀したからといって、その者及び親族の墓地使用権は当然に消滅するものではないことを挙げています。

その他に埋蔵拒否について「正当の理由」が認められる場合としては、墓地に新たな埋葬等を行う余地がない場合や、墓地の正当な管理に支障を及ぼすおそれがある場合などが考えられます。

神戸地判平成５年７月19日は、墓地埋葬法13条にいう「正当の理由」があるか否かは同条の趣旨に照らし社会通念により判断すべきとしつつ、新たな埋葬等を行う余地がないこと、申込者が墓地等の正当な管理に支障を及ぼすおそれがあること等の場合には「正当の理由」に該当すると解釈した上で、本件では申込者に墓地使用を認めると管理に支障を及ぼすおそれがあること等を考慮して墓地使用の申込み拒絶について「正当の理由」があると判断しました[112]。

111　ただし、この埋葬蔵に際しては、寺院墓地管理者は自派の典礼を施行する権利を有し、この権利を害されるということを理由とした拒絶は「正当の理由」にあたると判断している（詳細はQ12参照）。

112　神戸地判平成５年７月19日判タ848号296頁。本件は共同墓地についての事案であるが、申込者多数であって申込みを断っている状態にあること、墓地管理権の所在について別訴で決着がついたにもかかわらず当該申込者がそれを認めずに紛争を続けていることなどから、当該申込者からの墓地使用の申込みを拒むことに「正当の理由」を認めたものである。

Q 12　自派の典礼を施行する権利

？ 異なる宗派に改宗離檀した墓地使用者から埋葬を依頼された場合、当寺院の典礼に従うことを埋葬の条件とすることはできますか。

A　**寺院墓地の埋葬等については自派の典礼を施行する権利が認められるべきという裁判例がある一方で、墓地使用者に対して寺院の典礼に従うことを求める合意の効力は及ばないと判断した裁判例もあります。**

寺院としては、墓地使用者の埋葬等に際しては当寺院の典礼に従うことを墓地使用規則に明記するなどして合意の存在を明らかにしておく必要があると考えられます。

解　　説

1　自派の典礼を施行する権利

改宗した墓地使用者からの埋葬依頼を拒絶することが墓地埋葬法13条にいう「正当の理由」にあたるかを判断した津地判昭和38年6月21日は、従来から寺院墓地に先祖の墳墓を有するものからの埋葬蔵の依頼に対しては、その者が改宗離檀したことを理由としては原則としてこれを拒むことができないとしつつ（Q11参照）、この埋葬蔵に際しては、寺院墓地管理者は自派の典礼を施行する権利を有し、このような権利を害されるということを理由とした拒絶は墓地埋葬法13条にいう「正当の理由」にあたると判断しました[113]。

判旨は、このような結論に至った理由として、寺院墓地には自派の典礼を行う権利があることを前提として、墓地使用者がある宗派の寺

113　津地判昭和38年6月21日下民14巻6号1183頁。

院墓地管理者に埋葬蔵の依頼をした以上、その者はその管理者が自派の典礼を行うことについては当然受忍すべきであると述べています。

また、最３小判平成14年１月22日は、離檀した墓地使用者から寺院の宗派の方式と異なる宗教的方式による墓石の設置を求められたためにこれを断った事案について、寺院の主張を認めて墓地使用者による墓石の設置を認めませんでした。本件において、墓地使用者と寺院との間では、寺院の定める方式に従って墓石を設置するという合意がされていましたが、墓地使用者は第一審係属中に信徒ではなくなったため、この合意の効力が離檀後の墓地使用者にも及ぶかということが争点となりました。本判決は、寺院墓地について、寺院はその宗派に応じた典礼の方式を決定し、決定された典礼を施行する自由を有するということを重視し、離檀後であっても上記のような合意の効力は墓地使用者に及ぶ旨を述べました[114]。

上記のように、寺院には自派の典礼を施行する権利があるとすると、異なる宗派の典礼を強制する態様での埋葬依頼などについては拒否をしても墓地埋葬法13条にいう「正当の理由」があったと判断されることも考えられます。

ただし、墓地使用者が自派の典礼を拒否したことがすべて一律に「正当の理由」に該当するとはいえません。

宇都宮地判平成24年２月15日は、墓地使用権を承継した者が異なる宗派となった場合に、その者に対し寺院の典礼の方式に従うことを求める合意の効力があるとするのは困難であり、その者が異なる宗派の典礼の方式を行うことを寺院が拒絶できるにすぎないとして、墓地使用権の行使として無典礼の方式による遺骨の埋蔵を求めることもできるとして、寺院による埋蔵拒否を認めませんでした[115]。

114　最３小判平成14年１月22日集民205号175頁。本件の原判決は、寺院の定める方式に従って墓石を設置する旨の合意は、墓地使用者が信徒でなくなったときには効力が及ばないとして、墓地使用者には方式に従う義務はないと判断した。本判決は原判決とは異なる判断を示したものである。

2　寺院としての対応

上記のように、寺院には自派の典礼を施行する権利があると基本的には考えられますが、墓地使用者が寺院の典礼についてまで理解をしていないこともあり得ます。

寺院としては、墓地使用者との間における合意の存在を明らかにしておくことが、紛争予防の観点から重要です。例えば、墓地使用者は檀家に限定されることを前提としたり、墓地使用者の埋葬等に際しては自寺院の典礼に従うことを墓地使用規則や墓地使用契約書に明記しておくことが考えられます。

115　宇都宮地判平成24年2月15日判時2154号93頁。本件では、墓地使用権を設定した当事者と寺院との間で寺院の定める典礼の方式に従い墓地を使用するという黙示の合意が成立していたと認めつつ、墓地使用権を承継した者が異なる宗派となった場合にまでこの黙示の合意の拘束力が及ぶかどうかについて定めた墓地使用規則がなく、むしろ従前は異なる宗派の者がその宗派の定める典礼の方式によって墓地内に墓石を設置し遺骨を埋蔵していても寺院側が異議を述べた事情は認められないといったことから、判旨のような判断を行っている。

Q 13　異なる宗派の典礼による埋葬の希望について

? 当寺院の典礼によらずに異なる宗派の典礼による埋葬を希望された場合、かかる埋葬を拒否できますか。また、当寺院の典礼によらずに異なる宗派の典礼による埋葬を強行された場合、使用契約を解除できますか。

A　異なる宗派の典礼による埋葬等の希望に対しては寺院側で拒否することができると考えられます。

一方で、自派の典礼によらずに埋葬等をされたとしても、直ちに使用契約を解除できるとは難しいと考えられています。

解　　説

1　異なる宗派の典礼による埋葬等の希望について

埋葬等に際して、墓地使用者から、自派の典礼によらずに異なる宗派の典礼による埋葬等の希望が申し出られることがあります。

この場合に寺院側がその申出を拒否して自派の典礼によって埋葬等を施行することができるかが問題となりますが、津地判昭和38年6月21日は、寺院墓地管理者は自派の典礼を施行する権利を有するということを前提として、このような権利を害されるということを理由として埋葬蔵の依頼を拒絶することは墓地埋葬法13条にいう「正当の理由」にあたると判断しています（Q12参照）。

このような権利の存在を前提とすると、異なる宗派の典礼による埋葬等は寺院が自派の典礼を施行する権利を侵害するものとして、墓地使用者からの申出を拒絶できると考えられます。

また、宇都宮地判平成24年2月15日は、結論としては寺院による埋蔵拒否を認めていませんが、墓地使用権を承継した者が異なる宗派となった場合に、その者が異なる宗派の典礼の方式を行うことを寺院は拒絶できる旨を示しています[116]。

墓地使用者に対して自派の典礼による埋葬等を求めることができるかは墓地使用者との間でどのような合意がなされていたかによっても左右されると考えられますが、異なる宗派の典礼による埋葬等の希望を寺院側が拒絶することについては認められるものと考えられます。

2　墓地使用契約の解除

では、墓地使用者が異なる宗派の典礼による埋葬等を行ったことをもって、寺院側から墓地使用者に対して墓地使用契約を解除して墓地の明渡しを求めることができるでしょうか。

仙台高判平成7年11月27日は、寺院が離檀した墓地使用者に対して墳墓の収去と墓地の明渡しを求めた事案です。寺院は明渡しを求めた理由として、墓地使用者が離檀して他宗派の典礼で葬儀を行ったことを挙げていましたが、判旨は、従来から寺院墓地に先祖の墳墓を有する者が改宗離檀の意思表示をしたり、自派の定めによる典礼を受けないで埋葬したからといって、直ちにそのことのみを理由として永代使用権の消滅を主張し、その墳墓の収去を求めることはできないとしました。そして、このような請求を行い得るのは、その改宗離檀等が真に信仰上の立場の変化に基づくものであり、檀信徒が寺院との関係を断ち切ろうとする意思が明確であることが必要とした上で、本件ではそのような場合ではないとして寺院の請求を認めませんでした[117]。

この事案において、寺院側は予備的請求として典礼を受けないで墓地に焼骨壺を埋蔵したことが寺院の墓地管理権の侵害にあたるとして、焼骨壺の収去も求めました。しかし、これについても、判旨は、離檀した者が当該宗派の定めに基づく典礼の施行を受けずに墓地への焼骨の埋蔵を求めてきた場合、それが寺院の宗教的感情と慣行を損ない、かつ、檀信徒が寺院との関係を断ち切ろうとする意思が明確であ

116　宇都宮地判平成24年2月15日判時2154号93頁。本件において結論として寺院による埋蔵拒否が認められなかった理由の一つは、墓地使用権の承継者から、他宗派の典礼でなく無典礼の方式による遺骨の埋蔵が求められていたこともあると考えられる。

る場合には、原則としてその焼骨壺の埋蔵を拒絶できるとしつつ、その場合であっても、既に埋蔵された焼骨の収去を求めることは正当な墓地管理権の行使の範囲外にあると示し、寺院の予備的請求も認めませんでした[118]。

上記裁判例のように、墓地使用者が離檀をした場合であっても、必ずしも直ちに墓地の明渡しを請求できるものではありません。

墓地使用者が離檀をする場合、その理由はさまざまな事情によるものであると考えられます。しかし、寺院には宗派に応じた典礼の方式を決定し、決定された典礼を施行する自由を有しています。宗教的な理由によって埋葬等を拒絶する場合には、墓地使用契約についても協議を行う必要があると考えられます。

一方で、離檀が必ずしも宗教的理由によるものではなく、離檀後も寺院の宗派に応じた典礼に従うような場合には、一方的に墓地の収去を求めることは困難と考えられます。

117　仙台高判平成7年11月27日判時1565号115頁。本件は、地元民の信望が厚く檀家への負担金も低額に定めていた住職が死亡し、住職が替わったことによって、お布施や戒名料も高額になり、檀信徒と新住職との間で対立が深まっていたという事情が背景にある。離檀の届出を出していたのは136世帯にものぼっていたとのことで、被控訴人のみが離檀の届出を出していたようなものではない。このような事情の中で、被控訴人は父の葬儀を別の宗派の住職に依頼して行ったものであるが、これは被控訴人の地域に同宗派の寺院がなく、地域外の同宗派の寺院に葬儀を依頼することも宗制上できなかったためにやむを得ず取った措置であり、被控訴人が改宗したわけではなく、葬儀後には被控訴人に小俵料も差し出したが、住職はこの受領を拒んでいる。本判決は、このような事情を前提として、被控訴人の改宗離檀は真に信仰上の立場を変化させたものではなく、寺院との関係を断ち切る意思もなかったと判断している。

118　判旨は「これからの埋蔵を求めてきた場合」と「既に埋蔵された焼骨の収去を求める場合」は別個の問題と扱い、後者については墓地管理者に課された公益的義務に反するものとして、正当な墓地管理権の行使の範囲に含まれるとは解しがたいと判断した。その上で、仮に墓地管理権に基づいて埋蔵された焼骨の収去を請求できる場合があるとしても、本件の事情に鑑みると、寺院による収去請求は権利の濫用に該当すると判断している。

Q 14　ペットの納骨

? ペットの納骨を求められた場合には応じなければならないのでしょうか。

A　ペットの埋葬や納骨の依頼に応じる法的義務はありません。ペットの納骨に応じる場合には、他の墓地使用者との関係にも配慮する必要があります。

解　　説

1　ペットと墓地埋葬法の関係

ペットの家族化といわれるように、犬や猫などのペットとともに生活をする人が増えています。飼い主にとってペットは家族の一員であるため、ペットを同じ墓に入れてあげたい、ペットの遺骨を自分と一緒に埋葬してほしいという依頼がくることもあるようです。

墓地や埋葬について定めた法律は墓地埋葬法になりますが、墓地埋葬法上、埋葬とは「死体（妊娠四箇月以上の死胎を含む。以下同じ。）を土中に葬ること」と定義されており（墓地埋葬法２条１項）、墳墓とは「死体を埋葬し、又は焼骨を埋蔵する施設」と定義されています（墓地埋葬法２条４項）。

死体とは人間の死体を示しているところ、墓地埋葬法はペットの納骨や埋葬については何ら定めていません。したがって、ペットについては墓地埋葬法の規制対象外ということとなります。

2 ペットの焼却

それでは、ペットが死亡した場合には何らの制限なく焼却してよいのでしょうか。

この点、廃棄物処理法上、動物の死体は廃棄物に該当し、廃棄物の処理をする場合には許可が必要です（廃棄物処理法２条１項）。

しかし、行政通達において、動物霊園事業において取り扱われる動物の死体は廃棄物処理法上の廃棄物に該当しないという判断が示されています[119]。

したがって、ペットの焼却については廃棄物処理法上の規制も受けません。

では、ペットの焼却については何らの規制も行われていないかというと、必ずしもそのようなことはありません。

ペットの焼却施設を設置する場合、自治体によっては条例を定めてこれを規制していることもあります。

どのような制度が設けられているかは自治体によって異なりますので、ペットの焼却施設を運用する場合には自治体の条例を確認する必要があります[120]。

3 ペットの納骨

では、例えばペットの遺骨を副葬品として同じ墓地に埋葬してほしいという依頼がきた場合、どのような回答が考えられるでしょうか。

前述のとおり、ペットは墓地埋葬法の規制対象外であるため、墓地埋葬法13条の適用もされませんので、寺院側においてペットの焼骨の埋蔵依頼を拒否することも可能です。

仮に埋蔵を許可する場合には、ペットを飼育していない他の墓地使用者の意見も聞くなどして、使用者間の不公平性や墓地全体の衛生管

119　昭和52年８月３日環計第78号
120　例えば東京都板橋区はペットの火葬場等の設置について条例を設けており、ペットの火葬場を設置するにあたっては近隣住民の生活環境に配慮するものとして、区長の許可を必要としている。

理にも配慮する必要があります。

　このような問題を未然に防ぐためにも、ペットの納骨を認めるかどうかについてはあらかじめ墓地使用規則等に定めておくことがよいと考えられます。

Q 15　墓地の区画整理

墓地の区画整理を行うにあたって一部の使用者に別区画への改葬をお願いすることはできますか。

A　**原則として改葬を行う上では墓地使用者の同意が必要とされていますが、区画整理事業の一環など、墓地移転の必要性が高い場合には墓地使用者に改葬に応じる義務が生じることもあります。**

解　説

1　改葬の手続

墓地の区画整理を行う上で改葬の必要が生じることがあります。

改葬を行うにあたっては市町村長の許可が必要とされており（墓地埋葬法５条１項)、許可を受けるためには必要事項を記載した申請書を提出する必要があります（墓地埋葬法施行規則２条１項)。

そして、墓地使用者以外の者が改葬の許可を受けるためには、墓地使用者等の改葬についての承諾書又はこれに対抗することができる裁判の謄本の添付が必要と定められています（墓地埋葬法施行規則２条２項２号)。

したがって、改葬を行うにあたっては、原則として墓地使用者の承諾が必要となります。

2　墓地使用者に対する改葬の請求

上記のことより、墓地使用者から改葬の同意を得られるのであれば問題はありませんが、仮に墓地使用者が改葬に同意しなかった場合には、墓地を移転させることは一切できないということになるのでしょうか。

東京地判平成21年10月20日は、墓地の区画整理をして墓地の範囲を縮小する事業を計画した寺院が墓地使用者に対して区画の移転を提案したところ、墓地使用者がこれを拒否したために、寺院が墓地使用者に対して改葬に応じるよう求めた事案です[121]。

本件について、判旨は、本件墓地が寺院墓地であり、その性質上、すべての墓地使用者が檀徒であることが予定されていることから、墓地使用者は、宗教法人法所定の手続に則って区画整理事業を行うことが決定された場合、この決定に従って当該区画整理事業に協力する義務を負うものとして、寺院と墓地使用者との間で締結された墓地使用契約に基づく墓地使用権にもこのような制約を伴うと判断しました。そして、寺院の請求を認め、墓地使用者は、改葬の承諾をした上で、区画を明け渡す義務を負うものと判示しました[122]。

改葬にあたって墓地使用者の承諾が必要とされている以上、どのような場合であっても墓地使用者に改葬に応じる義務があるものとは考えられません。

しかし、上記裁判例のように、墓地の区画を整理することについて一定の必要性が認められ、寺院側において宗教法人法や墓地使用規則等の手続を履践し、墓地使用者に対して十分な説明をして代替地も用意しているような場合には、墓地使用者において改葬に反対する合理的な理由がない限りは、墓地使用者に対して改葬を求めることができると考えられます。

このような紛争を未然に防止し、墓地の区画整理を円滑に行うためにも、墓地使用規則において、土地区画整理等により墓地等の移転の必要が生じた場合に、代替地を用意して使用者に改葬を求めることができ、使用者は改葬を承諾するものとする旨の規定を定めておいた方

121　東京地判平成21年10月20日判時2067号55頁。本件において、寺院（原告）は、被告たる墓地使用者が寺院の提案をすべて拒んだことや移転のための金員の支払を求めたこと等を理由に、主位的には墓地使用契約の解除に基づく墓地の明渡しを求めているが、墓地使用契約の解除は認められていない。

122　被告は寺院の請求が権利の濫用であるという主張も行っていたが、区画整理事業の関係上、墳墓の移転が必要であることや、寺院が被告に対して長期間にわたって協議を行っていたことなどの事情を踏まえ、被告の主張を認めなかった。

がよいでしょう。また、この場合に墓石の移転費用を誰が負担するかについても定めておくと、使用者の理解も得られやすくなると考えられます。

第4章

寺院と檀信徒等との法律問題（墓地使用以外）

弁護士　原田 宣彦

Q１　帳簿等の閲覧請求権

? 檀信徒から寺院の帳簿を見せてほしいとの要望がありましたが、閲覧させる必要はありますか。

A　**宗教法人法25条３項には、「宗教法人は、信者その他の利害関係人であつて前項の規定により当該宗教法人の事務所に備えられた同項各号に掲げる書類又は帳簿を閲覧することについて正当な利益があり、かつ、その閲覧の請求が不当な目的によるものでないと認められる者から請求があつたときは、これを閲覧させなければならない」と規定されています。**

したがって、檀信徒からの要望が同項所定の要件を充たす場合、宗教法人である寺院は当該帳簿を閲覧させる必要があります。

解　　説

1　閲覧請求権の趣旨

宗教法人である寺院は、信者その他の利害関係人であって、宗教法人法（以下、本章において「法」といいます）25条２項所定の書類又は帳簿について正当な利益があり、かつ不当な目的によるものでない者から請求があったときは、当該帳簿等を閲覧させなければなりません。

この閲覧請求権は、閲覧について正当な利益のある利害関係人の一層の利便を図るとともに、宗教法人の管理運営の透明性が高められ、それにより適正な運営が行われることを目的としたものです[123]。

123　文化庁「宗教法人運営のガイドブック」（2010年９月発行）19頁。
https://www.bunka.go.jp/seisaku/shukyohojin/kanri/pdf/h22_shukyohojin_unei_guidebook.pdf

2　閲覧請求権の対象となる書類又は帳簿

宗教法人の事務所には、常に、次に掲げる書類又は帳簿を備え付けることが義務付けられており（法25条2項）[124]、これらの備付け書類等は、信者その他の利害関係人による閲覧請求の対象になります（法25条3項）。

- 規則及び認証書
- 役員名簿
- 財産目録及び収支計算書
- 貸借対照表
- 境内建物（財産目録に記載されているものを除きます）に関する書類
- 責任役員その他規則で定める機関の議事に関する書類
- 事務処理簿
- 事業に関する書類
- その他の書類[125]

3　閲覧請求権の要件

(1)　信者その他の利害関係人の例

閲覧請求を行うことについて正当な利益がある「信者その他の利害関係人」の例としては、次に掲げる者が考えられます[126]。

①　宗教法人と継続的な関係を有し、宗教法人の財産基盤の維持形成に貢献している者（寺院における檀徒や神社における氏子など）

②　宗教法人の管理運営上の一定の地位が規則等で認められている総代など

③　宗教法人と継続的な雇用関係にあり、一定の宗教上の地位が認められている宗教教師

124　詳細は第2章**Q12**参照。

125　上記「規則及び認証書」ないし「事業に関する書類」の書類等以外については、宗教法人法上は義務付けられていないが、「規則の施行細則」、「法人の登記事項証明書」、「信者名簿」等の書類、帳簿を備え付けておくことが望まれる（前掲注123）18頁）。

126　前掲注123）20頁。

④　債権者

⑤　保証人

⑥　包括被包括関係にある宗教団体

(2)「正当な利益」の判断

宗教法人は、個別の事例に応じ、その閲覧について正当な利益があるか否かを自主的に判断することになります。

上記(1)の例を「正当な利益」の観点から分類すると、上記(1)①ないし③及び⑥は、主に宗教法人の適正な管理運営について正当な利益を有する者の例であると考えられます。他方で、上記(1)④及び⑤は、宗教法人の財産を調査するなどして債権を確保することについて正当な利益を有する者の例であると考えられます。

(3)「不当な目的によるものでない」ことの判断

「不当な目的によるものでない」ことについても、宗教法人は、個別の事例に応じ、自主的に判断することになります[127]。

「不当な目的」の例としては、宗教法人を買収する目的で財産目録等の閲覧を請求する場合、閲覧によって得た情報を売却する目的で閲覧を請求する場合、宗教法人を誹謗中傷する目的で閲覧を請求する場合などが挙げられます[128]。

127　東京地判平成24年8月28日は、B宗派の宗教法人である被告に対し、B宗派であるA寺の代表役員であるとともに被告の責任役員でもある原告が、被告所有のC土地に関する賃貸借契約書等の閲覧を請求した事案である。本判決では、C土地に関する賃貸借契約書等の閲覧請求の主目的は、A寺所有の土地を賃借して寺院を経営していた被告とA寺との間の借地関係を解消することにあると認められるところ、被告が当該借地関係を解消すべきか否かは、原告が被告の責任役員としての議決権を有しない事項（特別利害関係人であるため議決権を有しない事項）に該当するというべきであり、上記の目的の下で被告の利害関係人としてされた閲覧請求については「不当な目的によるものでない」と認めることはできないとして棄却された（なお、原告の閲覧請求の一部は認容された）。

128　第134回国会 衆議院 宗教法人に関する特別委員会 第3号（1995年11月2日）小野元之政府委員の発言
https://kokkai.ndl.go.jp/simple/txt/113404445X00319951102/96
（閲覧日：2022年4月9日）

4　閲覧請求に対する対応

法25条3項に基づく閲覧請求の可否について争いが生じた場合、その可否は最終的に裁判所において判断されることになります。宗教法人としては、裁判に至るような事態を極力防止するため、閲覧請求に関して適正な手続を整備しておくことが重要です。

なお、閲覧請求があった場合に書類又は帳簿の謄写まで認めるべきか否かについては、法25条3項が規定しているのは閲覧のみであることを理由に否定する裁判例があります[129]。もっとも、法的な請求権として認められないとしても、宗教法人の管理運営の透明性を高めるという閲覧請求権の趣旨（上記1参照）や、利害関係人との紛争を防止するという観点からすれば、謄写を認めることが相当な場合もあると考えられます。

129　東京地判平成25年7月31日

Q2　寄付金の返還請求

? 檀徒から寄付金の返還を請求されました。寺院は寄付金の返還請求に応じなければならないのですか。

A　寄付金の返還に応じる必要があるか否かについては、事案によるため一概にはいえません。もっとも、寄付金は特定の目的（動機）をもってなされることが多く、その返還請求は、当初の目的が変更・中断した場合になされることが想定されます。したがって、檀徒から寄付金の返還請求訴訟を提起された場合、寄付金の返還請求が認められるか否かの判断においては、寄付金の目的（動機）がいかなるものであったかという点が重要な考慮要素となります。

例えば、寄付金の目的が本堂を建立するための資金であり、かつ計画の変更・中断を織り込み済みであった場合においては、当初の計画が変更・中断したとしても、当該建立の計画が廃止されていないのであれば、寄付金の返還には応じなくてもよいと判断される可能性があります。実際に、寺院の新築費用に充てるための寄付金について返還請求が棄却された裁判例があります[130]。

他方で、寄付金の目的が同じく本堂を建立するための資金であっても、当該建立の計画が廃止された場合や、計画が変更・中断した際には返還することが想定されていた場合において、当初の計画が変更・中断したときは、当初の目的は達成されていないとして寄付金の返還請求が認められる可能性があります。

130　なお、寄付金の返還請求という法律関係に関する形式を取るものであっても、信仰の対象の価値ないし宗教上の教義に関する判断が求められる場合には、裁判所において請求の当否が判断されることなく訴えが却下（門前払い）されることがある（第1章Q6参照）。

解　説

1　寄付金の法的性質

檀信徒が寺院に対して金員を寄付する場合、これは、法律上、「当事者の一方がある財産を無償で相手方に与え」たものとして、贈与契約（民法549条）に該当すると考えられます[131]。

ただし、寺院における寄付金には、本堂を建立するための資金などとして、何らかの目的が掲げられて募られる場合も多いと思われます。こうした寄付金は、受贈者である寺院が一定の給付をする義務を負担している贈与であるとして負担付贈与契約に該当すると考えられます。

下記2の裁判例では、寺院新築のための寄付金が、負担付又は解除条件付贈与契約であると判断されました。

2　寺院の新築費用に充てるための寄付金の返還請求が棄却された裁判例（長野地松本支判平成10年3月10日判タ995号175頁）

(1)　事案の概要

A宗を包括団体とする寺院である被告は、寺院の移転新築を計画し、平成元年10月頃から、寺院新築のための寄付金を募るようになり、当時の住職Bは、新たな寺院は平成3年ないし同年度中に完成すると説明していました。これを受けて、原告ら信徒は、それぞれ被告に対

131　旧統一教会問題を受けて、令和4年12月10日、法人等による寄附の不当な勧誘の防止等に関する法律が成立し、一部の規定を除いて令和5年1月5日施行された（同年6月1日に禁止行為及び取消権の一部の規定が施行されたことにより、すべての規定が施行された）。同法においては、契約による寄附に加え、契約ではない寄附（単独行為）も対象とされている（法2条）。また、同法では、寄附の勧誘を行うにあたっての寄附者への配慮義務（法3条）、寄附の勧誘に際し、不当勧誘行為で寄附者を困惑させることの禁止（法4条）、借入れ等による資金調達の要求の禁止（法5条）、不当な勧誘により困惑して寄附の意思表示をした場合の取消し（法8条）（消費者契約に該当する場合は消費者契約法によって取消しが可能）などが規定されている。寺院が信徒等に対して寄附を募る場合は、これらの規定を遵守する必要がある。

し、3,000万円から100万円を寄付しました。

しかし、平成２年12月、Ａ宗と原告らが所属する宗教団体Ｃとの間に紛争が生じ、原告ら多くの宗教団体Ｃの信者が被告に参詣しなくなったので、住職Ｂは、当該紛争が解決するまでの間、寺院の新築工事を見合わせることにしました。この時、新築工事は、敷地の造成工事が終了し、設計図等が完成した段階で中断しており、その後の具体的な見通しは立っていませんでした。

こうした事態を受けて、原告らは、被告に対し、上記寄付は、被告の寺院新築のための資金としてのみ使用することを内容とする負担を伴う負担付贈与契約、又は本件寄付金が被告の寺院新築のための資金として使用されないことを解除条件とする解除条件付贈与契約と解すべきであるところ、負担の不履行が確定し、又は解除条件が成就したと主張し、上記寄付金の返還を請求しました。

これに対し、被告は、寺院の新築計画を廃止ないし中止したことはなく、寺院新築のための上記寄付金は、宗教心の発露であり、法律上の条件や負担を付せられるべき性格のものではないなどと反論しました。

⑵ 判　旨

本判決は、寄付当時には予想し得ないような状況の変化が生じ、当初予定していた寺院の新築ができない場合には原告ら及び被告が上記寄付金の使途についてどのような意思を有していたかについて検討するとし、本件においては、建築する寺院の規模、時期等が変更になった場合にも変更後の寺院の建築資金に充てるとの負担ないし条件のもとに寄付されたものと認定しました。その上で、被告は、寄付当時に予想できなかったやむを得ない事情により寺院新築計画を中断しているのであり、寺院の新築計画を廃止していないことから、原告らは、上記寄付金の返還を求めることはできないとして、原告らの寄付金返還請求を棄却しました。

⑶ 解　説

本判決は、寄付金の法的性質について、被告寺院の新築のための資金としてのみ使用することを内容とする負担を伴う負担付贈与契約、又は寄付金が被告寺院の新築のための資金として使用されないことを解除条件とする解除条件付贈与契約であると認定しました。

そして、負担や条件の内容についてさらに検討し、寄付当時に予想できなかった事態が生じた場合にも、寄付金を時期等が変更になった後の寺院の建築費用に充てるとの負担ないし条件であると判断しました。その上で被告寺院はいまだに寺院の新築計画を廃止していないとして、原告らの寄付金の返還請求を棄却しました。

このように、本判決は、特定の目的（動機）でなされた寄付金が、いかなる負担付ないし解除条件付であるかを考慮した上で判断したものです。寺院が本堂などの建築のために寄付金を募ることは多いと思われますが、建築等が計画どおりに進まずに信徒から寄付金の返還を求められることもあり得ます。そうした場合に本判決の判断内容は参考になります。

Q３　消費者契約法と寺院①

? **寺院が檀信徒に対して法事や葬式を行ったり、墓地の分譲、お守りの授与や祈祷などを行ったりする場合、檀信徒は消費者契約法により保護されていると聞きました。そもそも、寺院がこのような行為を行う場合、消費者契約法の対象となるのですか。**

A　**寺院が檀信徒に対して法事や葬式、墓地の分譲、お守りの授与や祈祷などを行うことは、消費者契約法の対象になる可能性があります。**

解　　説

1　消費者契約法とは

消費者と事業者との間には、情報の質・量や交渉力に格差があります。こうした状況を踏まえて、消費者の利益を守るため、平成13年4月1日に消費者契約法が施行されました（消費者契約法１条）。

消費者契約法では、事業者の一定の行為により消費者が困惑した場合などに契約の申込み又はその承諾の意思表示を取り消すことができると定められています（消費者契約法４条）。

また、消費者契約法では、事業者の損害賠償の責任を免除する条項その他の消費者の利益を不当に害することとなる条項の全部又は一部を無効とすることも定められています（消費者契約法８条ないし10条）。

これらの点については、Q４で詳述します。

さらに、消費者被害には、同じような種類の被害が多数の消費者に生じるという特徴があることから、こうした消費者被害の未然の防止、拡大の防止のため、消費者団体訴訟制度（差止請求）が定められています（消費者契約法12条）。消費者団体訴訟制度（差止請求）とは、内閣総理大臣が認定した適格消費者団体（消費者契約法13条）が、消費者に代わって、事業者の不当な行為をやめるように求めることができる制度です。

2 定　義

(1) 消 費 者

消費者とは、個人（事業として又は事業のために契約の当事者となる場合におけるものを除きます）のことをいいます（消費者契約法２条１項）。

(2) 事 業 者

事業者とは、法人その他の団体及び事業として又は事業のために契約の当事者となる場合における個人のことをいいます（消費者契約法２条２項）。

(3) 消費者契約

消費者契約とは、消費者と事業者との間で締結される契約のことをいいます（消費者契約法２条３項）。

3 宗教法人である寺院と消費者契約法

宗教法人は、「法人」（消費者契約法２条２項）にあたるため、事業者となります[132]。

その上で、宗教法人である寺院が、檀信徒に対して行う法事や葬式、墓地の分譲、お守りの授与や祈祷などの宗教的な行為が、消費者契約にあたるか否かについては、民法の解釈によって定まるものであって、消費者契約法上の「消費者契約」の解釈によって定まるものではないとされています。いいかえれば、これらの行為が、民法上の「契約」

132　消費者庁ＨＰ「消費者契約法 逐条解説（令和５年９月）」９頁
https://www.caa.go.jp/policies/policy/consumer_system/consumer_contract_act/annotations/assets/consumer_system_cms203_230915_04.pdf
（閲覧日：2024年１月９日）

に該当すれば、消費者契約法の対象になるということになります。

一般に、法事や葬式は役務提供契約（準委任、請負、雇用等）、墓地の分譲は墓地使用権設定契約、お守りの授与や祈祷の受付は売買契約や役務提供契約と、それぞれ民法上の契約と評価することができるため、消費者契約法の対象となり得ます[133]。

反対に、寺院の住職や職員等が、個人として事業者との間で消費者契約を締結する場合は、当該住職等は、消費者として、消費者契約法により保護されます。

133　厳密にいえば、これらの行為が民法上の契約に該当するか否かについては個別に判断されることになる。

Q４　消費者契約法と寺院②

寺院が、消費者契約法上、注意すべき点を教えてください。

A　**宗教法人である寺院が檀信徒に対して法事や葬式、墓地の分譲、お守りの授与や祈祷などを行う場合、消費者契約法の適用を受ける可能性があります（Q３参照）。したがって、宗教法人である寺院が、これらの行為を行うに際し、消費者である檀信徒に対して不当な勧誘等を行った場合には、消費者契約法に基づき、当該行為が取り消されたり、無効となったりする可能性があります。**

解　　説

1　消費者契約の取消し

次に掲げるような不当な勧誘により締結させられた契約は、後から取り消すことができます[134]。

(1)　不実告知（消費者契約法４条１項１号）

事業者が重要な事項について事実と異なることを告げたことにより、消費者が当該告げられた内容が事実であると誤認した場合です。

例えば、「この機械を付ければ電気料金が安くなる」と勧誘し、実際にはそのような効果のない機械を販売した場合などが挙げられます。

134　消費者庁「知っていますか？消費者契約法－早分かり！消費者契約法－」（令和５年６月）
https://www.caa.go.jp/policies/policy/consumer_system/consumer_contract_act/public_relations/assets/consumer_system_cms101_231107_01.pdf
（閲覧日：2024年１月９日）

⑵　断定的判断の提供（消費者契約法４条１項２号）

事業者が将来における変動が不確実な事項について確実であると告げたこと（断定的判断の提供）により、消費者が当該提供された断定的判断の内容が確実であると誤認した場合です。

例えば、将来値上がりすることが確実ではない投資用マンションを「確実に値上がりする」と説明して販売した場合などが挙げられます。

⑶　不利益事実の不告知（消費者契約法４条２項）

事業者が消費者の利益となる旨を告げつつ、重要事項について不利益となる事実を故意又は重大な過失によって告げなかったことにより、消費者が、当該事実が存在しないとの誤認をした場合です。

例えば、眺望・日照を阻害する建物が隣地に建設される計画があることを知りながら、そのことを説明せずに「眺望・日照良好」と説明して宅地を販売した場合などが挙げられます。

⑷　不退去（消費者契約法４条３項１号）

消費者が事業者に対し、退去すべき旨の意思を示したにもかかわらず事業者が退去しなかったことにより、消費者が困惑した場合です。

例えば、訪問販売などで、消費者が事業者に対して、何度も帰ってほしいと告げているのに勧誘を続けて販売した場合などが挙げられます。

⑸　退去妨害（消費者契約法４条３項２号）

消費者が退去する旨の意思を示したにもかかわらず、消費者を退去させなかったことにより、消費者が困惑した場合です。

例えば、事業者の店などで勧誘されている際に、消費者が何度も帰りたい旨を告げているのに勧誘を続けて販売した場合などが挙げられます。

⑹　退去困難な場所へ同行（消費者契約法４条３項３号）

消費者に対し、当該消費者契約の締結について勧誘をすることを告げずに、当該消費者が任意に退去することが困難な場所であることを知りながら、消費者をその場所に同行し、その場所において当該消費者契約の締結について勧誘をすることにより、消費者が困惑した場合です。

例えば、バーベキューに行こうと告げて消費者を無人島のキャンプ場に連れて行って商品を販売した場合などが挙げられます。

⑺　威迫する言動をまじえて相談の連絡を妨害（消費者契約法４条３項４号）

消費者が当該消費者契約の締結について勧誘を受けている場所において、消費者が当該消費者契約を締結するか否かについて相談を行うために電話等によって当該事業者以外の者と連絡する旨の意思を示したにもかかわらず、威迫する言動をまじえて連絡を妨害して勧誘をしたことにより、消費者が困惑した場合です。

例えば、高額な教材を購入するか家族に相談したいと消費者がいったのに、それはできないと述べて相談を妨害して勧誘した場合などが挙げられます。

⑻　不安をあおる告知（消費者契約法４条３項５号）

消費者が社会生活上の経験が乏しいことから[135]、進学、就職、結婚、生計、容姿や体型などの願望の実現に過大な不安を抱いていることを知りながら、事業者が不安をあおり、契約が必要と告げたことにより、消費者が困惑した場合です。

例えば、婚活中の消費者の不安を知りつつ、「このままでは一生結婚できない、この婚活セミナーが必要」と勧誘した場合などが挙げられます。

⑼　好意の感情の不当な利用（消費者契約法４条３項６号）

消費者が社会生活上の経験が乏しいことから[136]、勧誘者に好意の感情を抱き、かつ、勧誘者も同様の感情を抱いていると誤信していることを知りながら、契約しなければ関係が破綻すると告げたことにより、

135　消費者の年齢によって定まるものではなく、中高年であっても該当し得る（前掲注132）の「逐条解説」63頁）。

136　前掲注135）

消費者が困惑した場合です。

例えば、消費者が、マッチングアプリにおいて何度か連絡を取り合う中で勧誘者のことを好きになり、勧誘者から投資セミナーに誘われて行ったところ、「この美容器具を買ってくれないと関係を続けられない」と勧誘者からいわれて契約してしまった場合（いわゆるデート商法）などが挙げられます。

⑽ 判断力の低下の不当な利用（消費者契約法４条３項７号）

加齢や心身の故障により判断力が著しく低下していることから、現在の生活の維持に過大な不安を抱いていることを知りながら、不安をあおり契約が必要であると告げたことにより、消費者が困惑した場合です。

例えば、加齢により判断力が低下した消費者に対し、「この健康器具を買わなければ、益々体調が悪化してしまい、今のような生活を送ることが困難となる」と告げて勧誘した場合などが挙げられます。

⑾ 霊感等による知見を用いた告知（消費者契約法４条３項８号）

霊感等の特別な能力により、消費者又はその親族の生命、身体、財産その他の重要な事項について、そのままでは現在生じ、もしくは将来生じ得る重大な不利益を回避することができないとの不安をあおり、又はそのような不安を抱いていることに乗じて、契約が必要と告げたことにより、消費者が困惑した場合です。

例えば、「私は祖先の霊を憑依させてかわりにその意思を語ることができる。祖先の霊によると、あなたには妖怪がとりついておりそのままでは病状が悪化する。この壺を買えば妖怪が去る」と告げて勧誘する場合（いわゆる霊感商法）などが挙げられます。

⑿ 契約締結前の義務実施・契約目的物の現状変更（消費者契約法４条３項９号）

契約締結前に、事業者が契約による義務の全部又は一部を実施し、又は目的物の現状を変更し、実施前の原状の回復を著しく困難にしたことにより、消費者が困惑した場合です。

例えば、事業者が、契約前に、物干し台の寸法に合わせて竿竹を切断し、代金を請求した場合や、貴金属の買取りの際にネックレスに付いていた宝石を鑑定のために取り外し、元に戻すことを著しく困難にして勧誘した場合などが挙げられます。

⒀　契約前活動の損失補償請求（消費者契約法４条３項10号）

契約締結前に、事業者が契約締結を目指した事業活動を実施し、当該事業活動が当該消費者のために特に実施したものである旨及び当該事業活動の実施により生じた損失の補償を請求する旨を告げたことにより、当該消費者が困惑した場合です。

例えば、隣県の事業者から、商品の説明のために消費者の自宅を訪問したいといわれ会ったが、「あなたのためにここまできた、断るなら交通費を支払え」と告げ勧誘された場合などが挙げられます。

⒁　過量契約（消費者契約法４条４項）

事業者が消費者にとって通常の分量を著しく超えることを知りながら、消費者契約の勧誘をした場合です。

例えば、一人暮らしで日常的に自炊をしない高齢の消費者に対して、事業者がそのことを知りながら、その消費者が店舗に訪れた際に勧誘し、高級鮮魚を何十尾も販売した場合などが挙げられます。

2　消費者契約の無効[137]

⑴　事業者は責任を負わない等とする条項（消費者契約法８条１項１号ないし４号）

事業者の損害賠償責任の全部を免除する条項、事業者の故意又は重過失による場合に損害賠償の一部を免除する条項、事業者が責任の有無や限度を自ら決定する条項は無効です。

例えば、「事業者に責めに帰すべき事由や故意又は過失があっても、一切損害賠償責任を負わない」とする条項、「当社が過失の存在を認

137　前掲注134）

めた場合に限り、当社は損害賠償責任を負う」とする条項、「いかなる理由があっても、事業者の損害賠償責任は、○万円を上限とする」という条項などが挙げられます。

⑵ 消費者の解除権を放棄させる条項（消費者契約法８条の２）

事業者の債務不履行により生じた消費者の解除権を放棄させ、又は当該事業者にその解除権の有無を決定する権限を付与する消費者契約の条項は、無効です。

例えば、「販売した商品・サービスについて、いかなる理由があっても、返品・解約はできない」とする条項や「利用者は、当社に過失があると当社が認める場合を除き、本サービスの解約はできない」とする条項などが挙げられます。

⑶ 免責範囲が不明確な条項（消費者契約法８条３項）

免責範囲が不明確な条項とは「法律上許される限り、当社の損害賠償責任は、○万円を限度とします」などとする条項です。

消費者契約法８条１項２号及び４号により、事業者の損害賠償責任の一部を免除する規定は、事業者に故意又は重過失がある場合に無効となり、事業者に軽過失がある場合には無効となりません。そうであるにもかかわらず、上記のような「法律上許される限り」との文言では、軽過失の場合のみ免責されることが分かりません。

したがって、軽過失の場合にのみ免責の規定が適用されることが明確となるよう、例えば、「当社は、軽過失の場合には、○万円を限度として損害賠償責任を負います」といった条項にする必要があります。

⑷ 事業者に対し後見開始の審判等による解除権を付与する条項（消費者契約法８条の３）

事業者に対し、消費者が後見開始等の審判を受けたことのみを理由とする解除権を付与する条項は無効です。

例えば、居住用建物の賃貸借契約において「賃借人（消費者）が、後見開始の審判を受けたときは、賃貸人（事業者）は直ちに本契約を解除できる」とする条項などが挙げられます。

⑸　損害賠償の額を予定する条項（消費者契約法９条）

キャンセル料（契約の解除に伴う損害賠償の予約や違約金）のうち契約の解除に伴う平均的な損害額を超える部分や[138]、遅延損害金につき年利14.6％を超える部分についての条項は無効です。契約を解除した場合にキャンセル料を支払うという条項のみならず、解除時に支払済みの金銭を返金しない旨の条項も本条の規制対象です。

例えば、宴会会場等の利用契約において「契約後にキャンセルする場合には、以下の金額を解約料として申し受けます。実際に利用される日から６か月以上前の場合：契約金額の90％」とする条項や、「スポーツジムの月額料金を毎月末日までに支払うものとする。前記期限を過ぎた場合には月額料金に対し年30％の遅延損害金を支払うものとする」とする条項などが挙げられます。

なお、事業者は、消費者から求められたときは、解約料の算定根拠の概要を説明するよう努めなければなりません（消費者契約法９条２項）。

⑹　消費者の利益を一方的に害する条項（消費者契約法10条）

任意規定の適用による場合と比べ消費者の権利を制限し又は義務を加重する条項であって、信義則（民法１条２項）に反して消費者の利益を一方的に害する条項は無効です。

例えば、事業者（売主）が消費者（買主）に対して種類又は品質に関して契約に適合しない商品を引き渡した場合において、民法566条では、そのことを知ったときから１年以内に通知する必要があるとされているところ、正当な理由がないのに、この期間を不当に短く定める条項などが挙げられます。

138　契約を解除した場合にキャンセル料を支払うという条項のみならず、解除時に支払済みの金銭を返金しない旨の条項も本条の規制対象である。

Q５　旧借地法と借地借家法の相違点

？ 当寺院が賃貸している土地は、昭和時代に借地権が設定されたものが大半です。これらの借地に関して、現在、賃貸借契約を更新する場合、存続期間について、旧借地法と借地借家法のどちらが適用されるのですか。また、その他の条件についても旧借地法と借地借家法の適用関係について教えてください。

A　平成４年７月31日以前に締結された賃貸借契約については、同年８月１日以降に更新された場合でも、存続期間に関しては、旧借地法が適用されます。すなわち、更新後の存続期間は、堅固建物については30年、非堅固建物については20年（旧借地法５条１項）、当事者がこれより長い期間を定めたときは、その定めに従います（同条２項）。また、借地上の建物の朽廃による借地権の消滅に関する条項（旧借地法２条１項但書、５条１項）は、借地借家法においては規定されていないため、同法施行前に設定された借地権に限り適用されます。

他方で、借地上の建物が滅失した場合に関する条項（借地借家法７条、８条）、建物買取請求における支払の期限許与に関する条項（借地借家法13条２項、３項）及び更新後の建物の再築許可に関する条項（借地借家法18条）は、借地借家法により新たに規定された制度であるため、同法施行前に設定された借地権については適用されません。

解　　説

1　存続期間に関する旧借地法と借地借家法の適用について

平成４年８月１日、借地借家法が施行されるとともに、旧借地法が廃止されました。その結果、同年７月31日以前に締結された賃貸借契約についても、原則として、借地借家法の規定が適用されます（借地借家法附則４条本文）。ただし、存続期間や更新の定めなどについては、旧借地法が適用されます（借地借家法附則４条但書、６条）。

設問では、借地権の大半が昭和時代に設定されたということなので、現在において更新がなされたとしても、存続期間について、借地借家法は適用されず、旧借地法が適用されることになります。

2　旧借地法と借地借家法における存続期間の定め

(1)　旧借地法における存続期間

旧借地法の特徴は、建物を堅固建物（石造・レンガ造・鉄筋コンクリート造など）と非堅固建物（木造など）に分けた上で、それぞれに存続期間を規定している点です。また、旧借地法には朽廃による借地権の消滅が規定されていますが（旧借地法２条１項但書、５条１項）、この規定は借地借家法には存在しません。そのため、朽廃による借地権の消滅に関する規定は、借地借家法施行前（平成４年７月 31 日以前）に設定された借地権に限り適用されます（借地借家法附則４条但書、５条）。

①　借地権設定時（当初）の存続期間

旧借地法における存続期間は、堅固建物で 60 年、非堅固建物で 30 年と規定されています（旧借地法２条１項本文）。ただし、この法定期間中に建物が朽廃したときは、期間満了前でも借地契約は終了します（同項但書）[139]。

上記の法定期間にかかわらず、当事者間で期間を定めた場合は、堅固建物は 30 年以上、非堅固建物は 20 年以上の期間であれば、合意した期間が契約期間になり、この期間中に建物が朽廃したとしても契約は終了しません（旧借地法２条２項）。

139　「朽廃」については、いつ何時崩壊するか分からない危険な状態の建物の場合には朽廃にあたるとする判例がある（最３小判昭和 32 年 12 月３日民集 11 巻 13 号 2018 頁）。一方で、建物の一部に多少の腐食はあるがこれらの部分の構造に基づく自らの力によって屋根を支えて独立に地上に存立していて、出入りに危険を感じさせない場合には、社会的経済的効用を失う程度にはないとして朽廃を否定した判例がある（最２小判昭和 33 年 10 月 17 日民集 12 巻 14 号 3124 頁）。

②　更新後の存続期間

更新後の存続期間は、堅固建物では30年、非堅固建物では20年と定められており、当事者がこれより長い期間を定めたときは、その定めに従います（旧借地法５条１項前段、２項）。この場合において更新後の存続期間中に建物が朽廃したときは、その時点で契約は終了します（同条１項後段）。

(2)　借地借家法における存続期間

借地借家法では、堅固建物と非堅固建物の区別をなくし、すべての建物に一律の期間を定めています。

①　借地権設定時（当初）の存続期間

借地権設定時の存続期間は、一律に30年とされていますが（借地借家法３条本文）、当事者間でこれより長い期間を定めた場合はその期間となります（同条但書）。

②　更新後の存続期間

更新後の存続期間は、初回の更新では20年、２回目以降の更新では10年とされていますが（借地借家法４条本文）、当事者間でこれより長い期間を定めた場合はその期間となります（同条但書）。

3　借地借家法施行前に設定された借地権には適用されない制度

次に掲げる各制度は、借地借家法により新たに規定された制度であるため、借地借家法施行前（平成４年７月31日以前）に設定された借地権については適用されません。

- 借地上の建物が滅失した場合に関する条項（借地借家法７条、８条、附則７条）
- 建物買取請求における支払の期限許与に関する条項（借地借家法13条２項、３項、附則９条）
- 更新後の建物の再築許可に関する条項（借地借家法18条、附則11条）

Q６　更新拒絶と正当事由

？ 当寺院は建物所有目的で土地を賃貸していますが、当該賃貸借契約の更新時期が近付いてきました。当寺院としては、当該土地を事務所の用地として使用したいと考えていますが、期間満了後に当該土地を返還してもらうことはできるのでしょうか。

A　借地契約の期間満了に際し、借地権者が更新を請求したとき又は存続期間満了後に土地の使用を継続しているとき、建物がある場合には、従前の契約と同一の条件（期間を除きます）で契約を更新したものとみなされます。

これに対し、借地権設定者がこれに遅滞なく異議を述べ、当該異議に「正当事由」が認められるときに限り、土地賃貸借契約は終了し、土地は借地権設定者に返還されます。

当該土地を事務所用地とする予定があることは、自己使用の必要性として、「正当事由」の有無を判断する際の重要な考慮要素となりますが、当該土地を返還してもらうことができるかどうかは、その他の事情を総合的に考慮して判断されます。

解　　説

１　更新拒絶に関する規定

(1)　更新請求の場合

借地権の存続期間が満了した場合において、借地権者が更新を請求したときは、建物がある場合に限り、賃貸借契約は従前と同一の条件で更新されたものとみなされ（借地借家法５条１項本文、旧借地法４条１項本文）、借地権設定者は、正当な事由がなければこれに異議を述べることができません（借地借家法５条１項但書、６条、旧借地法４条１項但書）。

⑵　土地使用継続（法定更新）の場合

また、借地権者が存続期間満了後に土地を継続して使用する場合も賃貸借契約を更新したものとみなされ（借地借家法５条２項、旧借地法６条１項）（これを「法定更新」といいます）、借地権設定者は、法定更新に対しても正当事由がなければ異議を述べることができません（借地借家法５条２項、同法６条、旧借地法６条２項）。

2　「遅滞なく」の判断

更新拒絶の意思表示である異議は、「遅滞なく」述べる必要がありますが、「遅滞なく」の判断は事案ごとに具体的に行われます。

⑴　更新請求に対する異議

更新請求に対する異議については、借地権設定者が更新請求を受けたときは直ちに更新の諾否について考慮しはじめるべきであり、その考慮に必要な期間を超えて更新に異議を述べた場合には、遅滞になるとされています。したがって、借地権設定者が期間満了を知ってから異議を述べる法定更新の場合と比べて、更新請求に対する異議はより短期間のうちに述べなければならないと解されています[140]。

また、更新請求があった後、借地権設定者が何らの留保もなく賃料を受領した場合には、更新請求に対して異議がないものとみなされます[141]。

⑵　土地使用継続（法定更新）に対する異議

法定更新に対する異議の場合、近時は、当事者の契約意識が高まっており、契約も書面化されることが通常であることなどから、「遅滞なく」の判断も厳格化されるとする見解もあり[142]、裁判例をみると、期間満了から２か月後に異議を述べた場合に遅滞がないと判断されて

140　稲本洋之助＝澤野順彦編『コンメンタール借地借家法 第４版』（日本評論社、2019年）29頁〔藤井俊二〕。
141　前掲注140）29頁〔藤井俊二〕。
142　前掲注140）31頁〔藤井俊二〕。

いますが[143]、期間満了から１年10か月後に異議を述べた場合[144]及び２年後に異議を述べた場合[145]には遅滞しているとされています。

3 「正当事由」の内容

旧借地法４条１項但書は、「正当事由」の考慮要素として「土地所有者カ自ラ土地ヲ使用スルコトヲ必要トスル場合」を規定するのみでした。しかし、判例においては、「単に土地所有者側の事情ばかりでなく、借地権者側の事情をも参酌することを要し、たとえば、土地所有者が自ら土地を使用することを必要とする場合においても、土地の使用を継続することにつき借地権者側がもつ必要性をも参酌した上、土地所有者の更新拒絶の主張の正当性を判定しなければならない」とする[146]「利益比較の原則」を確立していました[147]。

借地借家法６条は、判例が確立していた上記原則を基本的に踏襲したものです。具体的には、「土地の使用を必要とする事情のほか」と定めて、当事者の使用の必要性を第一次的な判断基準としており、「借地に関する従前の経過」、「土地の利用状況」及び「財産上の給付」（立退料）は正当事由を補完する事由にすぎないことを明らかにしています[148]。

したがって、借地権設定者側に土地を使用する必要性が認められない場合には、立退料のみを提供しても正当事由は具備されません[149]。

4 自己使用のための更新拒絶

設問では、寺院の事務所として借地を使用する予定があるということなので、借地権設定者である寺院としては、この事情を自己使用の必要性として主張することになります。

---

143 東京地判平成７年２月24日判タ902号101頁。
144 東京高判平成１年10月30日判タ752号179頁。
145 東京高判平成６年３月28日判時1505号65頁。
146 最判昭和37年６月６日民集16巻７号1265頁。
147 田山輝明＝澤野順彦＝野澤正充編『新基本法コンメンタール借地借家法 第２版』（日本評論社、2019年）38頁〔藤井俊二〕。
148 前掲注140）33頁〔本田純一〕、前掲注147）38頁〔藤井俊二〕。
149 前掲注147）38頁〔藤井俊二〕。

もっとも、上記**3**のとおり、正当事由の判断にあたっては、借地権者側の事情も考慮されます。設問では、借地権者側の事情は明らかではありませんが、仮に当該土地について、借地権者も居住利益や営業利益などを有する場合は、たとえ借地権設定者側に自己使用の必要性が存在したとしてもそれだけでは正当事由は認められない可能性が高いと考えられます。こうした場合は、補完要素として、借地に関する従前の経過、土地の利用状況及び立退料の支払の申出等が総合的に考慮されます。

立退料の金額は、借地権設定者・借地権者の必要性の程度など、立退料以外の事情を前提に、借地権価格、営業補償、移転費用などが考慮されて決定されるものであるため、一概に定まるものではありません。借地権者の営業利益等が大きい場合には、立退料が高額になる可能性もあります[150]。

150　借地権設定者である寺院が立退料を支払うことにより正当事由が認められた裁判例としては、①東京地判平成17年4月19日（借地上建物に賃借人が存する場合の立退料を、「借地権付建物価格－借家権価格相当額＝440万円」と算定した事例）や、②東京地判平成30年12月6日（原告（寺院）と被告（借地人ら）の双方に自己使用の必要性を認めた上で、借地が元来は境内地であり、原告（寺院）がこの用途に即した利用を予定していることを重視し、立退料を、平成29年10月5日時点の借地権価格299万円を踏まえて300万円と算定した事例）がある。

Q７　賃料滞納による賃貸借契約の解除

？　当寺院は建物所有目的で土地を賃貸していますが、賃料を滞納している借地権者がいます。当該借地権者に対して、賃料の滞納を理由に賃貸借契約を解除して、土地の明渡しを請求するにはどうすればよいでしょうか。

A　賃料滞納により賃貸借契約を解除するためには、原則として、借地権者に対して相当期間を定めて賃料の支払を催告し、その期間内に履行がない場合に解除の意思表示をしなければなりません。さらに、賃料滞納の程度が当事者間の信頼関係を破壊していることも必要です。

契約解除の通知後も、借地権者が任意に土地を明け渡さない場合には、建物収去土地明渡請求の訴訟提起をし、勝訴判決を得た上で、強制執行を申し立てる必要があります。

解　　説

1　賃料滞納による賃貸借契約の解除

賃料滞納により賃貸借契約を解除するためには、原則として、借地権者に対して相当期間を定めて賃料の支払を催告し、その期間内に履行がない場合に解除の意思表示をしなければなりません（民法 541 条）。

賃料の支払は、賃貸借契約における借地権者の基本的な義務とされていますが[151]、借地権者が賃料を滞納したとしても、その程度が当事者間の信頼関係を破壊する程度に至っていないときは賃貸借契約の解除は認められません。これを「信頼関係破壊の法理」といいます[152]。

151　賃料の支払が借地権者の基本的な義務であることは、賃貸借契約の冒頭規定である民法 601 条に「賃貸借は、当事者の一方がある物の使用及び収益を相手方にさせることを約し、相手方がこれに対してその賃料を支払うこと及び引渡しを受けた物を契約が終了したときに返還することを約することによって、その効力を生ずる」と規定されていることからも明らかである。

不動産賃貸借契約は将来にわたって継続する契約であるため、当事者間の信頼関係が重要です。また、不動産賃貸借契約が解除されると賃借人は、居住や営業の拠点を失うことになるため、賃貸人による解除権を制限する必要もあります。特に土地賃貸借契約の場合は、借地権自体が高い経済的価値を有することも考慮しなければなりません。

そのため、不動産賃貸借契約の解除が認められるためには、賃料滞納などの債務不履行の事実だけでは足りず、当事者間の信頼関係が破壊されていることも必要であるとされているのです。

それでは、信頼関係が破壊されているか否かの判断にあたっては、どのような事情が考慮されるのでしょうか。

この点、判例には、「土地賃貸借関係における賃料不払の場合に、なお信頼関係を破壊するものとは認められない特段の事情があるかどうかの認定判断にあたっては、賃貸借期間の長短、賃料不払の程度、右不払に至った事情その他当該賃貸借関係における諸事情の一切を考慮すべき」と判示した上で、土地賃貸借は明治初期以来のものであり過去に相互の信頼関係を損なうような事情もなかったこと、年払いの約定とされている地代の不払期間が4か月程度であって、その間、借地人がこれを放置していたわけではなく、地代が近隣の地代相場に較べて2倍以上になるため、その減額を申し入れて交渉を継続していたもので、右交渉中に契約解除の意思表示を受けるに及んで直ちに地主の要求する地代の額を供託していることなどの事実関係を考慮して、信頼関係の破壊を認めず、さらに審理させるべく原審に差し戻した事案があります[153]。

このように、信頼関係が破壊されているか否かの判断にあたっては、滞納期間以外の事情も考慮されるため、滞納期間だけでは解除の可否

152　最2小判昭和28年9月25日民集7巻9号979頁は、民法612条に定める無断転貸を理由とする解除について、賃貸借は当事者の個人的信頼を基礎とする継続的契約であるとした上で、「賃借人が賃貸人の承諾なく第三者をして賃借物の使用収益を為さしめた場合においても、賃借人の当該行為が賃貸人に対する背信的行為と認めるに足らない特段の事情がある場合においては、同条の解除権は発生しない」と判示した。その後、賃料滞納を理由とする解除においても、信頼関係破壊の法理が解除の可否を判断する基準として機能することが明らかにされた（最3小判昭和39年7月28日民集18巻6号1220頁）。

153　最2小判昭和57年11月19日集民137号495頁。

は判断できません。ただし、土地賃貸借契約の場合は、1～2か月程度の滞納期間では解除は認められないと考えられます。

なお、賃料滞納の場合は催告を行わずに賃貸借契約を解除できる旨の特約（無催告解除特約）がある場合であっても[154]、借地権設定者は、賃料を滞納している借地権者に対して催告をしておいたほうがよいでしょう。借地権設定者が催告をしたにもかかわらず、借地権者が賃料を支払わなかったことが、信頼関係破壊を肯定する一つの事情になるためです。

2　催告及び解除の意思表示に係る通知方法

上記1のとおり、土地賃貸借契約を解除するためには、借地権者に対し、賃料支払の催告と解除の意思表示をしなければなりません。この催告と解除の意思表示は、同時に行うことができます[155]。具体的には、「～年～月～日までに滞納賃料～円を支払うよう求めます。同日までに支払がない場合は、賃貸借契約を解除します」などと通知をします。催告の相当期間としては、1週間以上を設けることが一般的となっています。上記の通知方法としては、配達証明付きの内容証明郵便で行うことが望ましい方法です。この方法を取らなければ、後日、借地権者から、催告や解除の意思表示の通知を受領していないと争われた場合に、当該通知を行ったことの立証が困難になってしまいます。

3　建物収去土地明渡請求

解除通知を行ったにもかかわらず、借地権者が任意に建物を収去して土地を返還しない場合には、借地権設定者は、裁判所に建物収去土

154　判例は、「家屋又は土地等の賃貸借契約において、賃料の遅滞を理由に催告なしで契約を解除することができる旨を定めた特約条項は、賃料の遅滞を理由に当該契約を解除するにあたり、催告をしなくても不合理とは認められない事情が存する場合には、催告なしで解除権を行使することが許される旨を定めた約定として有効と解すべき」として無催告解除特約を限定解釈している（最1小判昭和50年11月6日金融法務事情782号27頁）。

155　これを停止条件付解除という。

地明渡請求の訴訟を提起することが考えられます[156]。

建物収去土地明渡請求の訴訟において勝訴判決を得た場合、借地権者が判決に従い任意に建物を収去して土地を明け渡すこともありますが、借地権者が判決に従わないときは、借地権設定者は、勝手に建物を取り壊すことはできず[157]、強制的に建物を取り壊すために裁判所に対して「建物収去命令申立」を行います。この申立は、債務者（借地権者）の費用をもって、第三者（通常は執行官）に建物を収去させることを債権者（借地権設定者）に授権する決定を得るためのものです（民事執行法171条1項、民法414条）[158]。また、通常は「建物収去命令申立」と同時に、債務者に建物収去費用の支払を義務付けるべく「代替執行費用（建物収去費用）支払命令申立」も行います。

もっとも、建物の収去費用は比較的高額であり、借地権者が費用を支払えない場合も少なくなく、結局は借地権設定者が費用を支出して建物取壊しを行わざるを得ません。そこで借地権設定者が高額な建物収去費用を負担するリスクを可能な限り避けるため、借地契約時に十分な保証金を受領する、保証人を立てさせる等の対策をとっておくことが重要となります。

156　この請求は、借地権者の住所地だけでなく借地所在地の裁判所にも訴えも提起することができる。

157　借地権設定者が勝手に建物を取り壊すと、建造物損壊罪（刑法260条）に問われる可能性や、建物所有者に対して損害賠償責任を負う可能性がある。

158　この方法を代替執行という。

Q８　増改築禁止特約

当寺院が賃貸している土地について、借地権者が借地上の建物を増改築しようとしています。賃貸借契約には借地上の建物を増改築する場合、借地権設定者の承諾が必要であると規定されています。当寺院としては、増改築の承諾を拒否したいと考えていますが、この場合、借地権者はどのような手段を取ることが想定されますか。

A

増改築を制限する特約がある場合において、借地権設定者から増改築の承諾が得られないときは、借地権者は、裁判所に対し、当該増改築について、借地権設定者の承諾に代わる許可を求めて裁判所に申立てをすることが想定されます。

裁判所は、各事情を踏まえて、増改築を許可するか否かを決定します。増改築を許可する場合には、付随処分として、借地条件の変更や、借地権者から借地権設定者に対する財産上の給付（承諾料の支払）等を命じることがあります。

解　　説[159]

1　増改築制限特約

借地契約は、建物所有目的で土地に地上権又は土地の賃借権を設定するものであり（借地借家法２条１号）、本来的に借地上の建物の増改築は、借地権者が自由に行うことができるはずです。

しかし、旧借地法では建物の朽廃による借地権の消滅が規定されていたので（旧借地法２条１項）、増改築により建物の朽廃時期が先に延びることは、借地権設定者にとっては大きな不利益となっていまし

159　植垣勝裕編『借地非訟の実務』（新日本法規、2015 年）243 ～ 290 頁

た。また、増改築により、建物買取請求における買取額が高額になったり、更新拒絶の際に正当事由が認められにくくなったりするおそれもあることから、借地契約においては、増改築制限特約が付されることが通常になっています。

2　増改築許可申立て

(1)　増改築許可制度の特質

増改築許可の裁判は、増改築制限特約という借地条件を存続させた上で、具体的な増改築について当該借地条件の適用を排除し、個別的に借地権設定者の承諾に代わる許可を与えるものです。

(2)　要　　件

増改築許可の裁判の要件としては、①正当な当事者の存在、②借地権の存在、③申立時期の相当性、④増改築制限特約の存在（借地借家法17条2項）、⑤増改築の予定、⑥当事者間で協議が調わないこと（同）、⑦増改築が土地の通常の利用上相当であること（同）、⑧借地権の残存期間、土地の状況、借地に関する従前の経過その他一切の事情を考慮して増改築許可の裁判をすることが相当であること（借地借家法17条4項）が必要です。

以下では、これらの要件のうち問題になることの多いものについて解説することにします。

●土地の通常の利用上相当であること（上記⑦）

「土地の通常の利用上相当とすべき増改築」（借地借家法17条2項）とは、当該土地の位置、広狭、付近の土地の状況等の客観的事情と、増改築建物の面積、構造、使用目的及び建築基準関係規程への適合性等の当該増改築の具体的内容からみて、当該増改築が社会通念上相当であることを意味するとされています。

土地の通常の利用上相当とされた決定例としては、周辺の土地の利用状況に照らして、平屋家屋を2階建に増改築することを相当と認めたものがあります[160]。

これに対し、土地の通常の利用上相当でないとされた決定例には、土地の約２分の１の部分の地盤を深さ約1.5メートルにわたって削り取り、鉄筋コンクリート造の地下車庫を築造しようとした事案があります[161]。

●借地に関する諸事情の考慮（上記⑧）

借地借家法17条4項に例示されている事情のうち、借地権の残存期間が短い場合が問題になります。増改築許可に基づき増改築がされた場合、建物買取請求権が行使されたときの買取額が高額になったり、更新拒絶の際に正当事由が認められにくくなったりするという不利益が借地権設定者に生じるおそれがあるからです。したがって、借地権の残存期間が短い場合には、借地権設定者が更新を拒絶した場合に正当事由が認められるか否か（更新の可能性）を考慮して増改築の許否が判断されることになります。

3　付随処分

増改築許可の裁判をする場合において、当事者間の利益の衡平を図るため必要があるときは、裁判所は、付随処分として鑑定委員会の意見を聞いた上で（借地借家法17条6項）、借地権の残存期間、土地の状況、借地に関する従前の経過その他一切の事情を考慮して（同条4項）、職権で、他の借地条件を変更し、財産上の給付を命じ、その他相当の処分をすることができます（同条3項）。

(1)　借地条件の変更

借地条件の変更としては、実務的に賃料の改定がされることが多くあります。

(2)　財産上の給付

借地権者から借地権設定者に対する財産上の給付（いわゆる承諾料）

160　東京地決昭和47年11月25日判タ291号342頁。
161　東京地決昭和43年12月16日判タ230号280頁。

に関して、東京地裁本庁では、全面的改築の場合で、通常、更地価格の３％を基準とし、これに改築による床面積の増加の程度や賃貸物件の建築等による収益の増加等の土地利用効率の増大を加味して、５％程度までの間で決定するのが通常です。全面改築に至らない場合には、その増改築の程度に応じて更地価格の１％台を中心に、３％以下で決定されることが多いようです[162]。

(3) その他相当の処分

その他相当の処分としては、隣地境界との間に一定の距離を置くことを命じたもの、隣地居住者のために通路の設置を命じたもの、防音・防臭につき最善の施策をすることを命じたものがあります。

162　前掲注159）282、283頁

Q９　借地権譲渡許可制度

？ 当寺院が賃貸している土地について、借地権者から、借地上の建物を第三者に売却したいので借地権の譲渡を承諾してほしいといわれましたが、承諾しませんでした。そうしたところ、借地権者に借地権譲渡許可の申立てをされてしまいました。当寺院としては、当該第三者の経済状況等によっては売却を阻止したいのですが、そのようなことは可能でしょうか。

A　借地権者が借地権付き建物（借地権と借地上の建物の所有権）を第三者に譲渡しても、借地権設定者に不利となるおそれがないにもかかわらず、借地権設定者が譲渡を承諾しない場合には、借地権者は、裁判所に対し、借地権譲渡許可の申立て[163]を行い、借地権設定者の承諾に代わる譲渡許可決定を得ることにより、借地権付き建物を第三者に売却する（譲渡する）ことができます。

ただし、この借地権譲渡許可の申立てがなされた場合、借地権設定者である貴院は、裁判所が定める期間内に自らが当該借地権付き建物を買い受ける旨の申立てをすることができます（借地借家法19条3項)。この制度を介入権といいますが、これが認容されれば、貴院は、相当の対価と引換えに借地権付き建物を自ら買い受けることによって第三者への売却を阻止することができます。

解　　説

1　借地権譲渡許可制度の目的

借地権が賃借権である場合[164]、借地権を第三者に譲渡するときは、

163　借地借家法19条１項（旧借地法９条の２第１項）

164　借地権には、賃借権の他に建物所有を目的とする地上権があるが（借地借家法２条１号)、物権である地上権の場合、借地権の譲渡に借地権設定者の承諾は不要である。

借地権設定者の承諾が必要であり（民法612条1項）、承諾なく譲渡された場合は原則として賃貸借契約の解除事由となります(同条2項)。

ただし、借地権自体にも経済的価値があるため、借地権者が、借地権付き建物を売却したり、借地権付き建物の担保価値を利用して金融機関から融資を受けたりすることを希望することがあります。

こうした場合に必ず借地権設定者の承諾が必要であるとすると、市場における借地権の流通性が阻害され、その経済的価値が毀損されるおそれがあります。

そこで、このような借地権者の不利益を防ぐため、借地権の譲渡を借地権設定者が承諾しない場合、借地権者の申立てを受けて、裁判所が借地権設定者の承諾に代わる許可を与える制度が設けられています(借地借家法19条1項、旧借地法9条の2第1項)。

2　借地権譲渡許可制度の概要

裁判所は、借地権者の申立てにより、借地権譲渡のその可否を判断しますが、その判断にあたっては誰に譲渡するかが重要であるため、譲受人を特定した上で申立てがなされます[165]。

借地借家法19条1項では、「第三者（筆者注：借地権の譲受人）が賃借権を取得し、又は転借をしても借地権設定者に不利となるおそれがない」場合を許可の要件としています。この要件に関しては、まず、譲受人が暴力団などの反社会的勢力である場合には借地権設定者に不利になるおそれがあると判断されるものと考えられます。次に、譲受人の資力が乏しく、地代の支払いに支障をきたす可能性が高い場合にも不利になるおそれがあると判断されることが多いと考えられます。

借地権者による借地権譲渡許可の申立てを認容するに際し、裁判所は、付随的裁判として借地条件の変更や承諾料相当額の財産的給付を命じることがあります（借地借家法19条1項）。このうち、借地条件の変更については、地代の変更を命じるケースが典型となっています。財産上の給付（譲渡承諾料）の金額については、東京地裁では、おお

165　前掲注159）327、328頁

むね、借地権価額の10%前後が目安とされています。

借地権譲渡許可の申立てに対して裁判をする前に、裁判所は、特に必要がないと認める場合を除き、鑑定委員会の意見を聞かなければならないとされています（借地借家法19条6項）。

3 介入権[166]

(1) 概　要

借地権譲渡許可の申立てがあった場合において、借地権設定者は、裁判所が定める期間内に自ら借地権付き建物を買い受ける旨を申し立てることができます（借地借家法19条3項）。この制度は介入権といわれますが、介入権が認められた場合、借地権設定者は、借地権者による第三者に対する借地権付き建物の譲渡を阻止し、借地権を買い戻すことができます。

ただし、借地権者がその親族へ譲渡するときや、借地権者が法人成りしその法人に譲渡するときなど、借地権者と譲受予定者との間に特殊な関係がある場合等には、介入権の申立てが認められないこともあります。

(2) 介入権の申立てが認容された場合

介入権を認める場合、裁判所は、借地権設定者による代金の支払と建物所有権移転登記手続・建物引渡しの引換給付判決を命じることができます（借地借家法19条3項後段）。

(3) 建物及び借地権に関する相当の対価の算定

介入権が行使された場合に最も問題になるのは、建物及び借地権の「相当の対価」（借地借家法19条3項前段）です。

「相当の対価」は、建物の評価額及び借地権の評価額の合計額から、譲渡承諾料（借地権価格の10%前後。上記**2**(3)参照）を控除した金額とされるのが通常です。また、対象建物に賃借人がいる場合は借家

166　前掲注159）363～384頁

権価格等を減価することがあります（減価しない場合もあります。)。さらに、対象建物に不法占拠者がいる場合は、不法占拠者に対する明渡請求に係る費用を考慮して、一定額を減価することもあります。

Q 10　借地契約における更新料

当寺院が賃貸している土地について、賃貸借期間の更新に際し、借地権者に対して更新料の支払を請求したところ、借地権者からその支払を拒まれました。確かに、賃貸借契約書には更新料の規定はありませんが、前回の更新時には当該借地権者から更新料の支払を受けていますし、他の借地人からも更新料の支払を受けています。こうした場合、当該借地権者に対して、更新料の支払を請求することはできないのですか。

A　**更新料は、法律上支払義務が定められているものではなく、当事者間の合意（更新料支払特約）に基づいて支払われます。もっとも、賃貸借契約書に更新料の特約がない場合でも、借地権者と借地権設定者との間で黙示的に更新料支払の合意が成立していると認められるときには、借地権者は更新料支払義務を負います。設問では、賃貸借契約書に更新料の規定がないとのことですので、前回の更新時における更新料の支払やその他の事情から、黙示の更新料支払の合意が成立していることを主張立証して、借地権者に対し、更新料の支払を請求していくことになります。**

解　　説

1　更新料の法的性質

更新料とは、期間満了により、賃貸借契約を更新する際に、賃借人から賃貸人に支払われる金員のことです。借地借家法や旧借地法には、更新料の規定はありませんが、少なくとも都心部の借地においては、更新料支払の合意に基づき、借地権設定者と借地権者との間で授受されることが多くなっています。

更新料の法的性質について、最２小判平成 23 年７月 15 日民集 65

巻5号2269頁は、「賃貸借契約成立前後の当事者双方の事情、更新料条項が成立するに至った経緯その他諸般の事情を総合考量し、具体的事実関係に即して判断されるべきであるが……、更新料は、賃料と共に賃貸人の事業の収益の一部を構成するのが通常であり、その支払により賃借人は円満に物件の使用を継続することができることからすると、更新料は、一般に、賃料の補充ないし前払、賃貸借契約を継続するための対価等の趣旨を含む複合的な性質を有するものと解するのが相当である」としています。

2　更新料の支払義務

更新料は、法律上支払義務が定められているものではなく、あくまで当事者間の合意（更新料支払特約）に基づいて支払われます。

設問では、前回の更新時に更新料が支払われた事実があるとのことですが、かかる事実を理由に黙示的に更新料支払の合意が成立しているとして支払義務が生じるのでしょうか。

実務においては、更新料支払特約の定めがない契約であっても、過去に更新料が支払われたことを理由に、当事者間で協議し、更新料支払の合意がなされる場合も少なくありません。

しかし、裁判例においては、異なる判断がなされている事案も散見されます。例えば、東京地判平成20年12月25日は、前回の更新契約において更新料の合意がなされた事案において、「更新料はあくまで当事者の合意に基づいて更新契約の一内容として支払われているものと解される」とした上で、「あくまで前回の契約更新に伴う合意にとどまり、次回（今回）の契約更新の際にも更新料を支払うかどうか、その額をどうするかは合意されていないし、前回の更新契約において更新料が支払われたからといって、直ちに当事者間で今後契約更新の際には更新料を支払う旨の慣行が成立したと認めることもできない。」として、更新料の支払義務を否定しました（他に、東京地判平成25年5月15日）。そこで、裁判上、黙示の合意が認められるためには、前回更新時の更新料の授受に加えて、今回の更新時にも更新料を支払うことやその金額について合意が成立していることを示す事情を主張立証する必要があります。

なお、更新料支払の合意がない場合に、商慣習や事実たる慣習に基づいて更新料の支払義務が生じるかどうかが問題とされることがありますが、最2小判昭和51年10月1日判時835号63頁は、「宅地賃貸借契約における賃貸期間の満了にあたり、賃貸人の請求があれば当然に賃貸人に対する賃借人の更新料支払義務が生ずる旨の商慣習ないし事実たる慣習が存在するものとは認めるに足りないとした原審の認定は、原判決挙示の証拠関係に照らして、是認することができ、その過程に所論の違法はない」としました。

更新料を支払う慣習があると判断された裁判例としては、東京地判昭和49年1月28日判時740号66頁がありますが、これは上記最判より前の裁判例であり先例としての価値は乏しいといわざるを得ません。上記最判より後の裁判例では、上記最判と同様の判断が繰り返されており[167]、更新料の支払を強制させるほどの商慣習や事実たる慣習が認められる可能性は低いといえます。

3　借地権設定者が取り得る手段

上記2のとおり、賃貸借契約書上に更新料の規定がない場合には、借地権設定者が借地権者に対して更新料の支払を請求することは困難な場合が少なくありません。もっとも、借地契約は長期にわたる契約であるため、状況の変化により、借地権者が、借地権設定者との関係を考慮して更新料を支払ったほうがよいと考えを変えることもあり得ます。借地権設定者としては、調停などの法的手続を活用するなどして、借地権者との間で、新たに更新料支払の合意を成立させるよう、粘り強く交渉を続けることが重要です。

167　東京高判昭和52年6月15日判時860号115頁、東京高判昭和55年5月27日判タ419号100頁、東京地判平成7年12月8日判タ918号142頁等。

Q 11　地代増額請求

？　当寺院が賃貸している土地の地代が経済事情の変動等により、近隣相場と比較して不相当になったので、借地権者に対して地代の増額を求めたいと考えています。どのように借地権者に対して請求すればよいのでしょうか。

A　経済事情の変化や近隣相場等を踏まえて、相当と考えられる地代を算定した上で、内容証明等の書面で借地権者に対して、地代増額を求める旨の意思表示を行います。

借地権者が増額請求に応じない場合は、直ちに訴訟を提起するのではなく、まずは調停を申し立てる必要があります。協議が調わず調停が不成立となった場合は、地代増額の確認を求めて訴訟を提起することになります。

解　　説

1　地代増減額請求

借地契約における地代は、当事者の合意によって決められるのが原則です。もっとも、借地契約は長期にわたる継続的な契約であるため、時間の経過とともに社会経済的事情（物価や税金）が変動し、契約締結時に取り決めた地代が不相当になることがあります。そこで、借地借家法11条1項[168]は、地代が「土地に対する租税その他の公課の増減により、土地の価格の上昇若しくは低下その他の経済事情の変動により、又は近傍類似の土地の地代等に比較して不相当となったときは」、借地権設定者や借地権者は、契約の条件にかかわらず、相当な金額まで地代[169]の増減を請求することができると定めています。

168　旧借地法12条にも地代等増減請求権の定めがある。
169　本Qでは、地上権の地代と賃借権の借賃を合わせて、「地代」という。

なお、地代の増減請求の判断にあたっては、賃貸借契約成立に至る経緯や当事者間の関係など借地借家法11条1項に規定されていない事情も含めて、諸般の事情が考慮されます。

地代増減額請求で問題となるのは、新たに賃貸借契約等を締結する場合の賃料（新規賃料）ではなく、特定の賃貸借契約等を前提にその当事者間に成立するであろう経済価値を適正に表示する賃料（継続賃料）です。継続賃料を算定するにあたっては、まず、当事者間で地代等について合意した直近の時点を特定する必要があります。

具体的な相当地代の算出方法については、最終的には裁判所の判定によりますが、実務においては、年間地代額を決める場合の一つの目安として、固定資産税と都市計画税の年間合計金額の何倍にあたるかという手法（公租公課倍率方式）が、用いられる場合が多くみられます。

なお、借地が主として住宅の用に供されている場合、年間地代額が固定資産税と都市計画税の年間合計金額の3倍以下であるときは、土地の貸付が非収益事業とされ、地代・名義書換料・更新料等の収入に関して法人税の納税義務が免除されますので、この点を考慮にいれて検討すべきでしょう。

2　地代増額請求の手続

(1)　内容証明等による増額請求通知

地代増額請求の意思表示は、賃料増額の意思、具体的金額、増額時期等を明示した上で、内容証明郵便等の書面により行うのが通常です。法律上は口頭で行うことも可能ですが、地代増額請求は、その意思表示の到達により、直ちに増額の効果が生じます（形成権）。また、後日、判決の確定などによって相当地代額が確定した場合には、借地権設定者は、借地権者に対し、請求時に遡って不足額及びこれに対する年1割の利息を請求することができます（借地借家法11条2項）。

そこで、増額請求の意思表示を行った日が明確となるよう、口頭ではなく、配達証明付きの内容証明郵便を用いるのが適切です。

その際には、借地権者に対する説得性の観点、及び後に調停や訴訟に進んだ場合に備えて、どのような根拠で増額地代を算出したかを説明しておいたほうがよいでしょう。

⑵ 調　停

借地権者との間で増額について協議が調わない場合、裁判所を利用することになりますが、すぐに訴訟を提起することはできず、まずは調停を申し立てる必要があります（調停前置主義、民事調停法24条の2第1項）。調停では、調停委員2名[170]が、合意に向けて、双方から交互に意見を聴取します。調停が成立した場合は、調停調書が作成され、確定判決と同じ効力を有します。当事者間の衡平を考慮した上で調停に代わる決定(民事調停法17条)がなされることもありますが、これについて当事者は異議を申し立てることができます（民事調停法18条1項）。

⑶ 訴　訟

調停が不成立になった場合、調停不成立証明書を添付して、賃料増額確認請求の訴訟を提起することになります。訴訟では、最終的には判決により地代増額請求の当否及び相当地代が判断されることになりますが、その判断にあたっては、不動産鑑定士による裁判所鑑定が実施されることが多くなっています。この鑑定費用は当事者が負担することになりますので、事案によっては、費用対効果の観点から、裁判所鑑定を実施せず和解で決着したほうが経済的に合理的な場合もあります。

3　地代増額が確定するまでの扱い

地代増額請求について増額を正当とする裁判が確定するまでの間、その請求を受けた者（借地権者）は、自らが相当と認める地代を支払うことをもって足りると規定されています（借地借家法11条2項本文）。

170　東京簡裁では、一方が弁護士、他方が不動産鑑定士であることが多い。

もっとも、その裁判が確定した場合において、すでに支払った額に不足があるときは、借地権者は、その不足額に年１割の割合による支払期後の利息を付してこれを支払わなければなりません（同項但書）。

例えば、借地権設定者が現行の地代 10 万円を 12 万円に増額請求した場合に、借地権者が従前どおり 10 万円しか支払わなかったとしても、借地権設定者は、借地権者に対して、２万円の不足を理由に債務不履行責任を問うことはできません。

ただし、借地権者は、後に地代 12 万円を正当とする裁判が確定した場合、不足額２万円に年１割の割合による支払期後の利息を付して支払わなければなりません。和解や調停では、改定時期や清算方法が規定され、同項但書がそのまま適用されないこともありますが、借地権者に対しては、この利息の負担は、紛争の早期解決に向けての動機付けになり得ます。

◇第5章◇

宗教法人による事業運営

弁護士　伊藤 和貴

Q１　宗教法人における新規事業①

? 新規事業を検討しているのですが、宗教法人として自ら行うことができない事業はありますか。

A　宗教法人法上、「業務」・「公益事業」・「宗教法人の目的に反しない、公益事業以外の事業」のいずれにも該当しない事業は、行うことができません。

解　説

１　法人の権利能力

宗教法人法（以下、本章において「法」といいます）に基づき宗教法人となっている寺院が、自らの名義で事業を行いたいと考えるとき、法令上行える事業の範囲には限界があります。また、事業を行うためには一定の手続を経る必要があります。

個人が契約を締結しようとする場合、当然に、契約によって定められた権利・義務の主体となることができます。このように、権利・義務の主体となることができる資格、すなわち権利能力を、人は生まれながらに有しています（民法３条１項）。この、当然に権利能力を持つ個人のことを、法律用語では自然人と呼びます。

他方で、自然人とは別に権利能力が法律上付与される存在があり、これは法人と呼ばれています。自然人は基本的にはあらゆる契約について権利能力を持ちますが、法人の権利能力には限界があります。権利能力の範囲外の契約を法人が締結しようとした場合、法人が契約上の権利・義務の主体となれない事態が生じます。その結果、取引相手への信頼を害したり、法人の代表者等の個人の責任が問われたりする可能性があります。

2　宗教法人の権利能力の範囲

民法 34 条は、法人の権利能力の範囲について、「法人は、法令の規定に従い、定款その他の基本約款で定められた目的の範囲内において、権利を有し、義務を負う」という一般条項を定めています。株式会社や一般社団法人等の法人の場合、法人設立時に、法人の基本規則を記載した定款を作成します。権利能力は、この定款に記載された目的の範囲内の行為のみに認められます。

他方で、法 10 条は、「宗教法人は、法令の規定に従い、規則で定める目的の範囲内において、権利を有し、義務を負う」と定めています。したがって、民法 34 条の「定款その他の基本約款」は宗教法人の場合には規則のことを指します。この章ではこの規則のことを「宗教法人規則」と呼ぶことにします。

3　業務と事業

法１条１項は、「この法律は、宗教団体が、礼拝の施設その他の財産を所有し、これを維持運用し、その他その目的達成のための業務及び事業を運営することに資するため、宗教団体に法律上の能力を与えることを目的とする」と定めています。宗教法人は、宗教法人規則に目的を定める必要があるところ、当該目的の達成のための「業務」と「事業」に関して権利能力が付与されているというわけです。

「業務」とは、宗教活動（教義を広め、儀式行事を行い、信者を教化育成する等）及び宗教活動に付随する世俗的活動（財産の維持管理運営等の事務）のことをいいます。

宗教法人の主たる目的は宗教活動である一方で、宗教法人の財産的基盤を支えるために、「業務」以外の「事業」を行うことができます。ただし、いかなる「事業」についても宗教法人に権利能力が認められるわけではありません。権利能力が認められるのは、「公益事業」（法６条１項）と、宗教法人の「目的に反しない」「公益事業以外の事業」（法６条２項）に限定されています。

法６条１項の「公益事業」とは、不特定多数の利益を図るための非営利事業をいいます。
法6条2項の「目的に反しない」とは、業務と矛盾したり、業務に支障を生じさせたりするものではないことをいいます。具体的には、投機的性格を有する事業、風俗営業、事業規模が宗教法人本来の状態に照らし合わせて過大又は不適当なもの、その他宗教法人としてふさわしくない方法により経営されるものの場合には、宗教法人の目的に反するものといえます。

4　宗教法人が権利能力を有しない事業

以上をまとめると、宗教法人が権利能力を有しない事業は、①「業務」にあたらず、②「公益事業」にもあたらず、③宗教法人の目的に反する事業ということになります。
新規事業については、「業務」・「公益事業」への該当性と、宗教法人の「目的に反しない」といえるかどうかという点に着目して検討を進める必要があります。
なお、前述したとおり、宗教法人が権利能力を有しないというのは、宗教法人が契約によって定められた権利・義務の主体となれないことを意味するため、宗教法人に属する個人が、宗教法人から離れてあくまで一個人として、契約名義人となることは可能です。ただし、その場合には当該個人が法規制を遵守する必要がありますし、事業リスクも負うことになります。
他方、宗教法人が、自ら事業を行う第三者に対して資金を融資する等の方法で協力するのであれば、宗教法人自身が事業を行うわけではないとも考えられます。しかし、宗教法人の目的に反する貸付けの場合には、貸付けの効力が否定される可能性があります[171]。

171　農業協同組合が組合の目的事業とは関係のない貸付けをしたケースにおいて、当該貸付けが組合の目的範囲外と判断した原審判決を是認した判例が参考になる（最3小判昭和41年4月26日民集20巻4号849頁）。

Q２　宗教法人における新規事業②

? 新規事業を検討するにあたり、確認すべき宗教法人法上の手続を教えてください。

A　宗教法人規則の変更手続、所轄庁による認証、登記が必要となります。

解　　説

1　宗教法人規則と登記

宗教法人が事業を行うためには、宗教法人規則に、①事業の種類、②事業の管理運営に関する事項を定める必要があります（法12条１項７号）。加えて、収益事業を行う場合には、収益処分の方法も宗教法人規則に定める必要があります（同号かっこ書）。

また、宗教法人が事業を行う場合、その事業の種類を、登記の目的の欄に記載する必要があります（法52条２項１号かっこ書）。

2　規則変更手続

既存の宗教法人規則に、事業について定めていない場合には、まず、宗教法人規則の規則変更手続（法26条１項）を行う必要があります。

規則変更手続の具体的方法は、宗教法人規則の絶対的記載事項（法12条１項９号）、すなわち宗教法人規則に必ず定めなければならない事項です。そのため、宗教法人規則の定めに従って、規則変更手続を行えば足ります。例えばある宗教法人では、①檀信徒総代の諮問、②責任役員の３分の２以上の多数の議決を経た後、③包括宗教法人の承認を得る等と定めています。

3　所轄庁による認証手続

規則変更手続を行った後、規則変更に関する所轄庁の認証（法26条1項）を受けます。この際に、予定している事業が「宗教法人の目的に反する」ため宗教法人が行うことができない事業に該当する等と判断された場合、認証されないこともあり得ます。

所轄庁が認証書を交付した時に、規則の変更の効力が生じます（法30条）。

4　登記手続

規則の変更の効力が生じ、宗教法人が事業を行うことができるようになってから2週間以内に、変更の登記をする必要があります（法53条）。

変更の登記が完了したときは、遅滞なく登記事項証明書を添えて所轄庁に届け出る必要があります（法9条）。

Q３　宗教法人における新規事業③

宗教法人規則を変更しないまま、大規模な新規事業に着手してしまいました。どのような点が問題となり得ますか。

A　**所轄庁による処分の対象となる可能性があります。また、事業のための各取引行為の有効性に疑いが生じ、個人責任も生じ得ます。**

解　説

1　違法状態の確認

着手してしまっている事業について、宗教法人の目的に反するものかどうか確認し、どのような違法状態にあるのか、まず把握する必要があります。

すなわち、宗教法人は、「公益事業」（法６条１項）と、宗教法人の「目的に反しない」「公益事業以外の事業」について権利能力を有し、自ら契約当事者としてこれらの事業を行うことができます。そもそも、着手した事業が、宗教法人の目的に反する事業である場合には、宗教法人が行ってはならない事業を行っているという点で違法状態であるといえます。

他方で、「公益事業」もしくは宗教法人の「目的に反しない」「公益事業以外の事業」である場合であっても、宗教法人がこれを行うためには、宗教法人規則に、事業について定めている必要があります。宗教法人規則に、事業について何ら定めがないままに事業を行った場合、もしくは宗教法人規則に定めていない事業を行った場合には、宗教法人法が要求している手続を履践していないという点で違法状態であるといえます。

2　目的に反する事業に対する所轄庁の制裁

宗教法人が行うことのできない、宗教法人の「目的に反」する「公益事業以外の事業」を行っていると判断された場合、所轄庁は、1年以内の事業停止命令を下すことができます（法79条1項）。事業停止命令に違反して事業が継続された場合には、10万円以下の過料、すなわち、行政上の義務違反に対して課される金銭罰の対象となります（法88条11号）。

したがって、宗教法人の目的に反する事業を行ってしまっていると認識した場合には、直ちに事業を自主的に中止しなければなりません。

3　目的に反する事業に関する第三者に対する責任

宗教法人は、「目的に反」する「公益事業以外の事業」について権利能力を有しませんので、宗教法人の名前で第三者と契約を締結したとしても、宗教法人は契約上の権利・義務の主体とはなりません。そのため、仮に契約上、金銭の支払義務が定められていたとしても、支払義務を履行することはできず、すでに支払った金銭の返還請求権を有することになります。取引がきわめて不安定な状態であるといえます。

他方で、宗教法人の目的の範囲外の行為により第三者に損害が生じた場合には、当該行為をした代表役員その他の代表者と、当該行為の決議に賛成した責任役員・代務者又は仮責任役員が、連帯して損害賠償責任を負います（法11条2項）。代表者ら個人が、事業に関する金銭債務を負う可能性があります。

そのため、宗教法人の目的に反する事業を行ってしまっていると認識した場合には、第三者への損害が拡大しないうちに撤退する方法について検討すべきでしょう。

4　宗教法人規則に記載のない事業に関する対応

宗教法人規則に何ら定めがないままに事業に着手してしまっている場合、もしくは宗教法人規則に定めていない事業に着手してしまっている場合には、直ちに、規則変更手続、所轄庁による認証を受ける手続、登記手続を履践して、違法状態を解消する必要があります。

　独断で事業に着手してしまっていたため、宗教法人内の合意が取り付けられない等、手続を進められない状態になってしまった場合には、事業からの撤退の方向で考えざるを得ないものと思われます。

Q４　宗教法人による貸付け・出資

宗教法人が他の法人に貸付けを行ったり、株式を取得したりすることは可能ですか。

A　宗教法人の目的に反しない限りにおいて、いずれも可能です。

解　　説

1　宗教法人自身が事業を運営することに伴うリスク

宗教法人は、宗教法人規則に事業の定めを置く等の手続を行った上で、自ら事業を運営することができます。自身で事業を運営することにより、事業収益をそのまま収受することが可能となり、財産的基盤を保つことにつながりますが、反面、事業の法的リスク・経済的リスクを直接背負うことになります。

事業に関する金銭債務が膨らめば、債務超過となり宗教活動に支障が生じることもあり得ます。事業のために多数の従業員を雇用する必要がある場合、労務トラブルのリスクを自身で抱えるということにもなります。

2　他の法人への貸付け

宗教法人自身が事業を運営せずに、事業による経済的利益を得る方法はさまざま考えられますが、一つの方法は、事業を運営している他の法人へ、資金を貸し付ける方法です。

宗教法人は、「公益事業」（法６条１項）、宗教法人の「目的に反しない」「公益事業以外の事業」（法６条２項）が可能ですので、これらの事業に該当する範囲内で、金銭消費貸借契約を締結して他の法人へ金銭を貸し付けることができます。貸し付けた金銭を回収できなくなるリスクはありますが、自ら事業を運営することに伴うコスト・リスクを負わずに、利息収入を見込むことができます。

他の法人への貸付けについては、宗教法人法上、利益相反について気を付ける必要があります。宗教法人の代表役員は、利益相反事項について代表権を有しません（法21条1項）。利益相反の典型例は、貸付先の法人の代表者が、宗教法人の代表役員と同一人物であるというケースですが、この場合、代表役員が宗教法人の犠牲において自らの利益を追求するおそれが類型的に存在するため、仮代表役員を選任して、仮代表役員の下で貸付けの決定手続を行わなければならないという制度となっています。

また、貸付先の法人の代表者が責任役員である場合等、責任役員が特別利害関係人にあたる場合には、責任役員は事務の議決権を有せず、これにより議決権を有する責任役員の員数が、責任役員の定数の過半数に満たないこととなったときには、仮責任役員を選任して議決を行う必要があります（法21条2項）。

3　他の法人への出資

宗教法人は株式会社の株主や、持分会社・一般社団法人等の社員（法人の所有者のことを、株式会社では株主、持分会社・一般社団法人等では社員と呼びます）になることができます。

そのため、宗教法人の「目的に反しない」「公益事業以外の事業」の範囲内で、株式会社等の法人を設立したり、既存の法人の株式等を取得したりする等の方法で法人へ出資し、配当収益や株式譲渡益等を見込むという方法が考えられます。

なお、宗教法人は、自然人と異なり生身の体を持たないため、株式会社の取締役や一般社団法人・一般財団法人・社会福祉法人・学校法人の理事等の役員になることはできません。

Q5　宗教法人による通信販売

？ 寺院のホームページ上に、寺院の関連物品を販売するページを追加し、全国へ通信販売することを計画しています。法律上、どのような点に注意すればよいでしょうか。

A　特定商取引法、個人情報保護法の規制を確認し、対応する必要があります。

解　　説

1　特定商取引法

通信販売事業を開始する場合、宗教法人の公式サイトに販売ページを追加したり、特設サイトを作成したりして、顧客がこれらのサイトにアクセスして操作を行うことで、全国からグッズを購入できるようにする、という形が一つ考えられます。

この方法の場合には、特定商取引法の適用があり、同法のさまざまな規制を遵守する必要があります。

2　特定商取引法上の代表的な規制

まず、原則、商品の販売価格・代金支払時期及び方法・商品の引渡時期・売買契約の申込の撤回又は売買契約の解除に関する事項・宗教法人の名称・住所・電話番号・代表者等の氏名等を、ホームページに表示する必要があります（特定商取引法 11 条）。

また、商品の性能等について著しく事実に相違する表示、実際のものよりも著しく優良であり、もしくは有利であると誤認させるような表示は、誇大広告等として禁止されます（同法 12 条）。そのため、グッズの説明文等の作成にあたっては、これにあたらないかという観点から注意をする必要があります。

その他、承諾をしていない者に対するメールやファックス広告送信の禁止（同法12条の3～5）、契約申込みを受ける際の表示義務（同法12条の6）、契約承諾等の通知義務（同法13条）、契約解除妨害のための不実告知の禁止（同法13条の2）、債務の履行の拒否又は不当な遅延の禁止（同法14条1項1号）、顧客の意に反して申込みをさせようとする行為の禁止（同法14条1項2号）など、さまざまな行為規制があります。

さらに、ホームページ等の広告で特約を表示していない場合には、商品の引渡しから8日以内であれば買主が売買契約の申込みの撤回又は売買契約の解除ができるという制度（同法15条の3）があることも、頭に入れておく必要があります。

3　個人情報保護法上の規制

通信販売事業を行う場合は、特定商取引法上の規制以外にも、個人情報の取得や、顧客リストの管理については、個人情報保護法の規制も関係してきます。利用目的を通知する、安全管理のために必要かつ適切な措置を講じなければならない等、やはりさまざまな義務が課されています。

4　具体的な規制の確認方法

特定商取引法、個人情報保護法はともに、近年改正が相次いでいる法律であるため、通信販売事業を開始するにあたっては、消費者庁や個人情報保護委員会のホームページを参考にされて現時点での規制を十分調査した上で、専門家にも相談して万全の準備をされることをお勧めします。

Q6　宗教法人による納骨堂の運営開始

? 新しく納骨堂を始めることを検討しているのですが、何か注意しなければならないことはありますか。

A　宗教法人法、墓地埋葬法等関係法令上の適法性と、経営上のリスクの両面を十分検討する必要があります。

解　説

1　墓地、埋葬等に関する法律

納骨堂は、墓地、埋葬等に関する法律（以下、本章において「墓地埋葬法」といいます）上、墓地・火葬場と並び新設手続等の条項が定められています。墓地埋葬法上の納骨堂の定義は、他人の委託をうけて焼骨を収蔵するために、納骨堂として都道府県知事（市又は特別区にあっては、市長又は区長）の許可を受けた施設というものです（墓地埋葬法２条６項）。

納骨堂の新設、施設変更、廃止をするためには、都道府県知事（市又は特別区にあっては、市長又は区長）の許可を受けなければなりません（同法10条１項、２項）。許可の基準については、地方公共団体ごとに条例で定めていますので、所管する地方公共団体の条例を確認して、手続を準備する必要があります。

2　納骨堂新設手続に関する条例の例（東京都）

例えば東京都の場合には、「墓地等の構造設備及び管理の基準等に関する条例」という名称の条例を定めています。納骨堂を新設する場合に必要な、経営許可を得るための基準について、同条例では、概要以下の定めを置いています。

> **納骨堂の経営主体：**
> 　原則、納骨堂を経営しようとする者は、①地方公共団体、②宗教法人、③公益社団法人又は公益財団法人のいずれかに限られる（条例３条）。
> **納骨堂の設置場所：**
> 　①納骨堂を経営しようとする者が所有する土地上であり、なおかつ②寺院、教会等の礼拝の施設又は火葬場の敷地内を設置場所とすること、ただし地方公共団体・公益法人が経営主体の場合には各要件は緩和される（条例８条）。
> **納骨堂の構造設備基準：**
> 　①壁、柱、はりその他の主要な部分は耐火構造とすること、②床面は、コンクリート、タイル、石等堅固な材料で築造すること、③火器を使用しない場合を除き、納骨堂の設備は不燃材料を用いること、④換気設備を設けること、⑤出入口及び窓には防火戸を設けること、⑥出入口及び納骨装置は、原則施錠ができる構造であること（条例９条）。
> **標識の設置・事前協議：**
> 　許可申請予定者は、納骨堂の建設等の計画について、建設予定地の隣接住民等へ周知を図るため、建設予定地の見やすい場所に標識を設置しなければならない（条例 16 条）。
> **説明会の開催：**
> 　許可申請予定者は、説明会を開催する等の措置を講ずることにより、納骨堂の建設等の計画について、建設予定地の隣接住民等に説明し、経過の概要等を知事に報告しなければならない（条例 17 条）。
> **事前協議：**
> 　隣接住民等から、①公衆衛生その他公共の福祉の観点から考慮すべき意見、②墓地等の構造設備と周辺環境との調和に対する意見、③墓地等の建設工事の方法等についての意見の申出があった場合には、知事は、許可申請予定者に対し、隣接住民等

との協議を行うよう指導できる（条例18条）。

3　宗教法人規則の変更手続

納骨堂の利用者を宗教法人の檀信徒のみと想定している場合には、宗教法人の純粋な宗教活動と考えられ、宗教法人法上の「業務」として、宗教法人規則に特段の定めは不要と考えられます。

他方で宗旨宗派を問わず利用できる施設として納骨堂を設置するケースが増えています。その場合には、宗教法人法上の「業務」ではなく「事業」ととらえ、宗教法人規則に「事業」に関する定めを置く必要があるものと考えられます。そのため、規則の変更手続、所轄庁による認証手続、登記手続（法26条1項、53条）を検討しなければなりません。

4　抵当権設定を行う場合の手続

また、納骨堂を新設する資金を調達するために、金融機関等から融資を受ける場合、敷地に抵当権を設定することが条件となる場合も考えられます。

かかる場合に、宗教法人が所有する不動産に担保を設定しようとするときは、宗教法人規則の定めに従って手続を行うとともに、信者その他の利害関係人に対し、1か月前までに、担保設定の要旨を示して公告を行う必要があります（法23条1号）。

■ 参考：墓地の新設等における流れ（東京都港区の場合）

事前相談、事前周知、許可申請、工事完了、許可までの流れ

※1 標識の設置期間（規則第 11 条）：許可申請予定日より９０日以上前から工事完了日まで

※2 説明会の実施時期（規則第 13 条）：許可申請予定日より６０日前までに実施する

注１）標識設置後に実施する必要があります。

注２）説明会実施後（欠席者への対応含む）、保健所に説明会報告書を提出し、保健所長が内容を確認した日を説明会終了日とみなします。説明会終了日が許可申請予定日より 60 日以上前である必要があります。

注３）申請予定日の 60 日以上前までに終了しなかった場合、申請予定日を後ろにずらす必要があります。

※3 隣接住民等の意見の申出（規則第 14 条）：許可申請予定日より３０日以上前までに申し出る

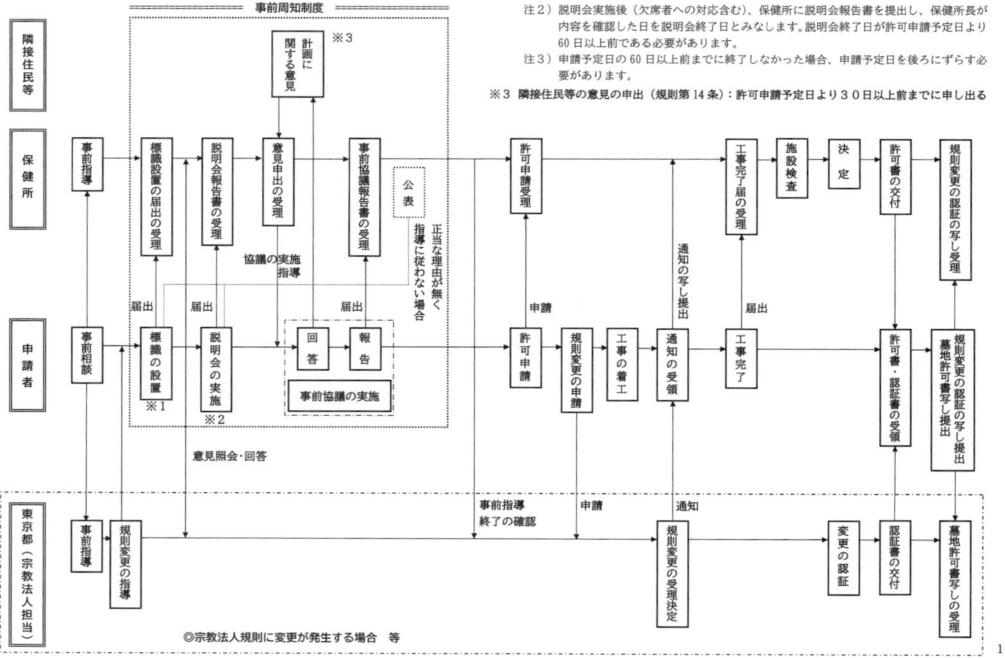

（東京都港区『墓地、埋葬等に関する法律の手引』より引用）

～コラム～

◇墓地・納骨堂業者への名義貸し◇

墓地や納骨堂に関しては、名義貸しのトラブルが非常に多く発生しています。

旧厚生省生活衛生局長通知「墓地経営･管理の指針等について」（平成12年12月6日）では、名義貸しを「宗教法人の名を借りて実質的に経営の実権を営利企業が握る」ことと簡潔に定義されています。

同通知は、実態がなかなか究明できない場合もあり、何をもって「名義貸し」というのかは難しいとしつつも、例えば以下のケースは名義貸しが問題となる事例であるとしています。

① 営利企業が、墓地経営の話を宗教法人に持ちかける。

② 墓地経営等の資金は営利企業が全面的にバックアップすると約束され、宗教法人の名義で墓地経営の許可を受ける。

③ それと同時に、宗教法人は墓地販売権をはじめとした墓地経営に、実質的に関与しないという取決めを交わしてしまう。

④ 営利企業は墓地使用権及び墓石の販売により、多大な収益を得るが、一部を除いて宗教法人の収入とはならない。

⑤ 使用者とのトラブルが発生するが、最終的な責任者は宗教法人であるとして、営利企業は責任を回避し、後には資金力のない寺院と墓地だけが残る。

また、名義貸しは、墓地、埋葬等に関する法律19条に基づく墓地等の経営許可取消しの対象となり得ます。実際に、さいたま地判平成17年6月22日は、自ら墓地経営をする意思がないにもかかわらず名義貸しをして墓地の経営許可を取得した宗教法人について、墓地経営許可の取消処分が下された事案です。行政による取消処分が違法だとして宗教法人が行政処分取消訴訟を提起しましたが、裁判所は取消処分の適法性を是認する判決を下しました。経営許可取消処分がされると、墓地、納骨堂の使用を継続できなくなるため、使用者との紛争も覚悟しなければなりません。

以上のように、名義貸しを一度許してしまうと、思ってもいなかった法的トラブルを押し付けられ、経済的な損失が生じ、これまで築いてきた檀信徒からの信頼を裏切り、社会的信用も地に落ちるおそれがあります。

甘い言葉にだまされず、自分で制御、管理できる範囲で活動することが鉄則です。

Q７　宗教法人による幼稚園の運営

？ 幼稚園の開設を考えていますが、必要な法的手続にはどのようなものがありますか。また、書道教室の場合にはどうなりますか。

A　基本的には学校法人を設立するとともに幼稚園設置の認可を受けることになります。宗教法人の名義で幼稚園を開設する方法もあります。他方、書道教室の場合にはこれらの手続は不要です。

解　説

1　学校法人

学校教育法２条１項は、「学校は、国……、地方公共団体……及び……学校法人……のみが、これを設置することができる」と定めています。そのため、学校教育法上の「学校」、すなわち、幼稚園・小学校・中学校・高等学校・大学・高等専門学校等（同法１条）を開設するためには、学校法人を設立する必要があります。

他方で、学校教育法附則６条は、「私立の幼稚園は、第２条第１項の規定にかかわらず、当分の間、学校法人によって設置されることを要しない」と規定しています。ただし、令和４年度の学校基本調査では、全国の私立幼稚園6,152園のうち、学校法人立が5,582園、宗教法人立が280園、個人立が285園、その他が５園と、学校法人立の割合が多くなっています。学校法人立の私立幼稚園の場合には、他の場合よりも補助金等の優遇が大きく、私立幼稚園を新設する場合には、基本的には学校法人立を検討することになるものと思われます。

2　学校法人立の私立幼稚園の開設手続

学校法人の名義で幼稚園を開設する場合（学校法人立幼稚園）には、私立学校法に基づき学校法人を設立する（私立学校法30条、31条）とともに、学校教育法に基づき都道府県知事から幼稚園の設置の認可を受ける（学校教育法４条１項３号）必要があります。

3　宗教法人立の私立幼稚園の開設手続

宗教法人が自ら幼稚園を開設する場合には学校法人設立の手続は不要となりますが、都道府県知事から幼稚園の設置の認可を受ける必要はあります。

また、宗教法人規則に、私立幼稚園の事業に関する定めを追加するため、規則変更手続、所轄庁による認証手続、登記手続も必要となるものと考えられます。

4　学校外の教育活動

なお、書道教室など、学校外の教育活動は、特段の認可を受けずに行うことが可能です。

ただし、事業として行う場合には、規則変更手続、所轄庁による認証手続、登記手続も必要となります。

5　幼稚園開設手続の進め方

幼稚園の開設にあたっては、基準を満たす施設が用意できるか、学校法人を設立する場合には設立にあたっての寄附行為（会社の定款、宗教法人の宗教法人規則に該当します）をどのように定めるか、役員構成はどうするか等、多岐にわたって詰めるべき内容があります。管轄行政庁と事前相談を行い、専門家とともに、都度確認しながら進めていくことをお勧めします。

Q8　宗教法人による宿泊業の運営

? 寺院施設を活用して宿泊事業を始めようと思っているのですが、どのような手続が必要となりますか。

A　旅館業として許可を受ける方法の他に、特区民泊・民泊として事業を行う方法があります。

解　　説

1　宗教法人法上の手続

寺院施設を活用して、旅行客向けの宿泊事業を行う場合、宗教法人規則に、当該事業について定める必要がありますので、規則変更手続、所轄庁による認証手続、登記手続が必要と考えられます。

また、主要な境内建物もしくは境内地を、宗教活動以外の目的で使用することに該当すると考えられますので、信者その他の利害関係人に対し、行為の要旨を示して事前に公告を行わなければなりません(法23条5号)。

2　宿泊事業の3つの選択肢

寺院施設への宿泊事業は、旅館業法上の旅館業として行う方法、国家戦略特別区域法上のいわゆる特区民泊として行う方法、住宅宿泊事業法上のいわゆる民泊として行う方法の3つが考えられます。

3　旅館業として行う方法

旅館業法上、「旅館業」とは、旅館・ホテル営業、簡易宿所営業及び下宿営業を指し、施設を設け、宿泊料を受けて、人を宿泊させる営業がこれにあたります（旅館業法２条）。旅館業を営むためには、都道府県知事等から許可を受ける必要があります（同法３条）。
旅館業の許可を得るためには、建物が旅館業法施行令で定められている構造設備基準を満たす必要があり、旅館業の運営は条例で定められている衛生基準に従う必要があります。

4　特区民泊として行う方法

国家戦略特別区域法は、旅館業法の特例として、旅館業法上の許可を得ることなく、施設への宿泊事業を行うことができる場合を定めており（国家戦略特別区域法13条）、特区民泊と呼ばれています。施設については、原則各部屋25㎡以上等の条件があり（同法施行令13条３号）、また、宿泊期間についても、２泊３日から９泊10日までの範囲内で条例により定められた期間以上という制限があります（同法施行令13条２号）。
特区民泊として宿泊事業を行う場合には、都道府県知事等から、特定認定を受ける必要があります（同法13条１項）。
旅館業として行う場合よりも参入障壁は低いのですが、特区民泊が可能なのは、令和６年１月現在、全国で、東京都大田区、千葉市、新潟市、北九州市、大阪府の一部、大阪市のみと、限られた地域でしか行うことはできません。

5　民泊として行う方法

住宅宿泊事業法は、民泊新法とも呼ばれ、同法が定める宿泊事業がいわゆる民泊です。民泊は特区民泊と異なり全国で行うことができます。また、旅館業とは異なり、行政庁の許可は不要で、設備基準もより緩やかです。
民泊を行うためには、住宅宿泊事業法３条１項の届出をする必要があります。
民泊の対象は「住宅」ですので、宿泊施設について、①家屋内に台所、浴室、便所、洗面設備その他の生活の本拠として使用するために必要な設備が設けられ、また、②人の居住の用に供されている、という各要件（同法２条１項）を満たしている必要があります。

その他、旅館業、特区民泊と異なる点として、民泊は、宿泊期間の上限が、年180日以内と定められており（同法２条３項）、稼働日数が制限されている点が挙げられます。

6　宿泊事業の進め方

上記の３つの方法のうち、自身の環境に合った方法がどれなのか、具体的な規制内容を満たすためにどのような対応が必要なのか等、管轄行政庁と相談しながら進めていく必要があります。

宿泊事業を開始すると、宿泊客からのクレームや、隣地からの騒音被害の苦情がくることもあり得ます。また、外国人観光客の需要が大きいものと考えられますが、あまりよい印象を持たない檀信徒もいるかもしれません。事業開始後も、各関係者としっかり対話を行う必要があります。

■　参考：民泊にかかわる３つの制度の比較

	旅館業法 （簡易宿所）	国家戦略特区法 （特区民泊に係る部分）	住宅宿泊事業法
所管省庁	厚生労働省	内閣府 （厚生労働省）	国土交通省 厚生労働省 観光庁
許認可等	許可	認定	届出
住専地域での営業	不可	可能 （認定を行う自治体ごとに、制限している場合あり）	可能 条例により制限されている場合あり
営業日数の制限	制限なし	２泊３日以上の滞在が条件 （下限日数は条例により定めるが、年間営業日数の上限は設けていない）	年間提供日数180日以内 （条例で実施期間の制限が可能）

宿泊者名簿の作成・保存義務	あり	あり	あり
玄関帳場の設置義務（構造基準）	なし	なし	なし
最低床面積、最低床面積（3.3㎡／人）の確保	最低床面積あり（33㎡。ただし、宿泊者数10人未満の場合は、3.3㎡／人）	原則25㎡以上／室	最低床面積あり（3.3㎡／人）
衛生措置	換気、採光、照明、防湿、清潔等の措置	換気、採光、照明、防湿、清潔等の措置、使用の開始時に清潔な居室の提供	換気、除湿、清潔等の措置、定期的な清掃等
非常用照明等の安全確保の措置義務	あり	あり ６泊７日以上の滞在期間の施設の場合は不要	あり 家主同居で宿泊室の面積が小さい場合は不要
消防用設備等の設置	あり	あり	あり 家主同居で宿泊室の面積が小さい場合は不要
近隣住民とのトラブル防止措置	不要	必要 （近隣住民への適切な説明、苦情及び問合せに適切に対応するための体制及び周知方法、その連絡先の確保）	必要 （宿泊者への説明義務、苦情対応の義務）
不在時の管理業者への委託業務	規定なし	規定なし	規定あり

（出典：観光庁『民泊制度ポータルサイト：はじめに「民泊」とは』より引用）

Q９　宗教法人による借地契約

?　境外の土地を、先代の住職が独断で第三者に貸して地代収入を得ていたのですが、宗教法人法所定の手続を欠く賃貸借契約は有効ですか。

A　宗教法人が所有する不動産の処分については、責任役員による決議等の決定手続と、財産処分の公告手続を経る必要がありますが、境外土地の処分については、手続を経ていなくとも有効と判示した裁判例があります。

解　説

1　宗教法人法上必要な手続

まず、宗教法人内で、土地の賃貸借契約を締結するという意思決定を行うためには、責任役員の定数の過半数による決議（法 19 条、宗教法人規則に別段の定めがある場合にはその方法による決定）をする必要があります。

また、宗教法人が所有する不動産を処分するためには、１か月前までに、信者その他の利害関係人に対し、処分の要旨を示して公告をする必要があります（法 23 条）。

土地の賃貸借契約が、不動産の処分に該当するか否かについて、最２小判昭和 37 年７月 20 日民集 16 巻８号 1632 頁の判例で、「建物所有を目的とし、民法第 602 条所定の存続期間を超える土地の賃貸借契約は、宗教法人令第 11 条にいう不動産を処分することに当る」と判示されています。そのため、民法 602 条が定める５年を超える土地の賃貸借契約は、宗教法人法上の不動産の「処分」にあたると考えられ、財産処分の公告をする必要があります。

2　責任役員の決議等の手続を欠く取引行為の有効性

株式会社に関しては、取締役会決議を要する会社の業務執行について、取締役会決議を経ずに代表取締役が独断で取引行為を行った場合の取引の有効性に関して判示した判例、最3小判昭和40年9月22日民集19巻6号1656頁があります。判例上、民法93条但書が類推適用され、取引の相手方が、取締役会決議を経ていなかったことについて知っていたもしくは知ることができたとき、すなわち悪意もしくは有過失のときに限り、取引が無効であるとされています。

宗教法人についても同様に考えると、責任役員による決議等の法19条に基づく決定手続を欠いて、代表役員が独断で取引行為を行った場合に、取引の相手方が悪意もしくは有過失のときには、取引は無効と考えられます。

3　財産処分の公告を欠く取引行為の有効性

宗教法人法24条は、「宗教法人の境内建物若しくは境内地である不動産……について、前条の規定」（財産処分の公告）「に違反してした行為は、無効とする。但し、善意の相手方又は第三者に対しては、その無効をもって対抗することができない」と定めています。

これは、宗教法人が、事前に檀信徒へ知らせずに境内建物や境内地を有効に処分できるとしてしまうと、檀信徒らの宗教活動の継続にも重大な影響が生じるため、手続違反の場合に行為を無効とするとして、檀信徒らを強く保護する規定を定めるものです。

ただ、財産処分の公告という手続が履践されていなかったことを知らずに、境内建物、境内地の処分について契約を締結した者は、契約が無効となると、不測の損害を負うおそれがあります。そのため、善意、すなわち法23条に反して手続を懈怠していることを知らなかった者との間では、境内建物、境内地の処分はなお有効と定められています。

4　境内建物、境内地の処分の有効性

住職が独断で境内建物、境内地を賃貸していた場合には、まず、財産処分の公告手続を経ているかどうか確認し、経ていない場合には法24条により、賃貸借契約の無効を主張できる可能性があります。ただし、賃借人がこの手続違反を知らない場合には、同条による無効を主張することはできません。

また、責任役員による決議等の法19条に基づく決定手続を経ているかどうかも確認し、経ていない場合にはなお賃貸借契約の無効を主張する余地があります。ただし、賃借人がこの手続違反についても知らず、また過失もない場合には、賃貸借契約は有効という結論となります。

5　境外建物、境外土地の処分の有効性

広島高判昭和40年5月19日判タ178号111頁は、境外土地からの岩の採取契約について、代表役員が責任役員の決議を経ずに、所定の公告も経ずに処分をしたというケースで次のように判示しました。

「宗教法人が不動産の処分をするには規則で定めるところ（規則に別段の定めがないときは、第19条の規定）によるほか、所定の公告をしなければならないことになっており、同法第24条が宗教法人の境内建物若しくは境内地である不動産……について第23条の規定に違反してした行為は無効とする旨定め、第23条に違反する行為のうち無効となる場合を限定している趣旨から考えれば、境外地である不動産の処分については、宗教法人の代表役員がたとえ、第23条の規定に違反して、所定の公告を経ず又は前記第19条或は宗教法人の規則所定の責任役員の決議を経ないで処分した場合にも、第24条の規定の適用がなく、その代表役員が過料の制裁を受け或は法人に対し内部的な責任を負う場合があるとしても、その処分行為は無効とはならないと解される。」

この判決文によれば、境外建物、境外土地の処分行為については、手続違反があったとしても有効となると考えられます。

したがって、住職が独断で賃貸借契約を締結し、責任役員による決議等を経ず、また財産処分の公告も行っていなかったとしても、それが境外建物、境外土地に関する契約の場合には、契約は有効ということになります。

株式会社の判例法理と比較すると、不動産処分行為について、責任役員の決議等の手続を欠いており、賃借人もそれを知りもしくは知ることができたときには、なお契約を無効とすべき場合があるようにも思われ、その点は前記広島高判と相違するところです。

6　不動産処分行為をした代表役員への制裁

不動産の処分行為が有効・無効のいずれであったとしても、前記広島高判が判示する過料の制裁、宗教法人内の内部的責任はいずれも問題となります。

すなわち、財産処分の公告手続を行わずに財産処分を行った場合には、代表役員等は10万円以下の過料の対象となります(法88条3号)。

また、損害が発生している場合には、宗教法人から当該元住職に対して損害賠償請求を行うことも可能です。当該元住職が現在も宗教法人に属している場合には、懲戒処分等を行うことも検討すべきです。

Q 10　宗教法人による資金調達

? 本殿の修復のために檀信徒から資金を募る場合に、どのような点に気を付ける必要がありますか。

A　寄付なのか、お金を借りているのか、いずれであるかを明確にすべきです。贈与の場合には使途外の拠出が可能かを検討すべき場合があり、また、金銭消費貸借の場合には上限金利規制や宗教法人法上の手続を確認しておく必要があります。

解　説

1　資金調達の種類

本殿の老朽化が進んでいる場合、修復工事の費用を捻出するために、宗教法人の既存資金で賄う方法が一つあります。

既存資金だけでは足りない場合には、金融機関から借り入れる方法もあり、この場合には金融機関が契約書式を用意するため、その内容が適正かどうか、専門家に相談しながら検討すれば足ります。

他方で、檀信徒へ費用を募る場合には、具体的な方法を宗教法人自身が検討し、書類の作成等も自ら行う必要があります。単純な方法としては、檀信徒からの寄付を募る方法や、檀信徒からお金を借りる方法が考えられます。

2　贈　与

檀信徒からの寄付は、民法上は贈与契約ととらえられます。贈与契約は原則として片務契約であり、契約当事者の一方だけが義務を負います。これを単純贈与と呼びます（民法549条）。贈与者は財産を無償で譲り渡す旨の義務を負いますが、受贈者、すなわち、寄付を受けた宗教法人は、檀信徒に対して何らの義務も負いません。

他方で、贈与契約には、受贈者が一定の義務を負担することを条件とする負担付贈与（民法553条）という種類もあり、負担付贈与契約の場合には契約当事者の双方が義務を負う双務契約となります。負担付贈与契約は、受贈者が負担義務を履行しない場合には贈与者は契約を解除することができます。

したがって、本殿の修復等、使途を示した方が寄付金は募りやすく、負担付贈与にあたり得る寄付を受けることもあると思われますが、十分に寄付金が集まらなかったため修復を断念せざるを得なかったり、修復計画を大幅に変更する必要が生じたときには、トラブルに発展しないよう、檀信徒とよく協議して方針を決定する必要があります。

3　金銭消費貸借

檀信徒からお金を借りる場合には、民法上は金銭消費貸借契約（民法587条）を締結しているものととらえられます。金銭消費貸借契約は、貸主から借主への金銭の交付があって初めて成立する要物契約で、借主は金銭の返還義務を負います。返還の時期を定めたときには、借主は当該期限までに金銭を返還しなければならず、返還の時期を定めなかったときは、貸主は、相当の期間を定めて返還の催告を行えます（民法591条）。

贈与との違いは、金銭の返還合意の有無です。返還合意の有無について、檀信徒と認識の相違がある場合には、借りたのかもらったのか、いずれなのか明確にしておかないと、紛争となるおそれがあります。

金銭消費貸借契約は、特段の合意をしなければ利息は発生せず、利息支払の合意がある場合に限って利息が発生します（民法589条）。利息を定めるとしても、檀信徒から募る場合には高利息を定めることはないものと思われます。ただ、金利規制についてもふれておくと、利息制限法１条で、元本の金額に応じて年15％～20％の上限金利が定められ、超過部分は無効と定められています。また、年20％を超える利息を定めて契約した場合には、出資法５条の刑事罰の対象となり得ます。

また、宗教法人法上は、会計年度内の収入で償還する一時の借入れを除き、借入れを行おうとする場合には、信者その他の利害関係人に対する事前の公告手続を履践する必要があります（法23条2号）。

なお、寺院が寺債という書面を発行して檀信徒から資金を募る場合がありますが、これは国が発行する国債や、会社が発行する社債とは異なり、金融商品取引法上の有価証券にはあたらず、民法上の単純な金銭消費貸借契約と考えられます。

Q 11　宗教法人によるクラウドファンディング

? クラウドファンディングで寺院の資金を募ることを考えているのですが、どのように進めればよいでしょうか。

A　クラウドファンディングはさまざまな形態がありますが、資金需要に合った形態を選び、クラウドファンディングのプラットフォームを選んで、プロジェクトを掲載してクラウドファンディングを始めます。事前に資金が集まらなかった場合の方針を検討し、檀信徒らの理解を得ながら進める必要があります。

解　　説

1　クラウドファンディングとは

クラウドファンディングは、クラウド（crowd、群衆）と、ファンディング（funding、資金調達）を組み合わせた造語です。クラウドファンディングは通常、不特定多数の人々がインターネットを通じて、他の人々や法人へ資金を提供することを指します。

クラウドファンディングの仕組み自体は特に新しいものではありません。日本でも「勧進」として、寺院の建立・修繕等費用を民衆から広く集める活動が古来よりされています。ただ、クラウドファンディングが現在の勢いとなったのは、インターネットの普及によるものです。2000年代以降にアメリカを中心に活発化し、日本では2010年以降に広く展開するようになったといわれています。

インターネット上のクラウドファンディングサイト（「プラットフォーム」と呼ばれます）に、自身のプロジェクトを掲載し、国内外から資金の提供を募るという方法が一般的です。プロジェクトの掲載者は起案者、資金の提供者は支援者等と呼ばれます。

2　クラウドファンディングの種類

クラウドファンディングにはさまざまな形態があります。その中でも代表的な形態を紹介します。

①　購入型クラウドファンディング

購入型クラウドファンディングは、支援者が物品や権利を購入する形態です。起案者は、プロジェクトに関連する物品やサービス等をリターンとして、支援者へ提供します。

②　寄付型クラウドファンディング

寄付型クラウドファンディングは、支援者が寄付をする形態です。基本的にリターンはありませんが、起案者から、お礼として手紙や写真等を支援者に渡す場合があります。

③　金融型クラウドファンディング（融資投資型クラウドファンディング）

金融型クラウドファンディングは、支援者が起案者に資金を貸し付ける形態です。起案者は、支援者に対して金銭を将来返還する必要があります。

④　株式型クラウドファンディング

株式型クラウドファンディングは、株式会社が起案者となり、支援者がその株式を取得する形態です。

3　宗教法人によるクラウドファンディング

プロジェクトの内容に応じて適したクラウドファンディングの形態を選択する必要があります。

例えば、寺院の経営に役立つ物品を開発して全国の寺院に販売したいと思ったら、開発後に支援者がその物品を受け取れる、購入型クラウドファンディングが適しているように思われます。

他方で、寺院設備の修繕のために寄付を募るのであれば、支援者にお礼の手紙を渡す形態の寄付型クラウドファンディングが考えられます。

将来収益が見込めるプロジェクトを考えており、当初資金として大きな金額が必要な場合には、金融型クラウドファンディングが適している場合もあるでしょう。

宗教法人の子会社として株式会社を設立し、その株式会社の事業が安定していて、さらなる事業拡大のために資金を必要としているという場合には､株式型クラウドファンディングも一考の余地があります。

上記の例は分かりやすさのために単純化して説明していますので、実際にはプラットフォームをよく分析し、必要に応じて問合せ等を行いながら慎重に進める必要があります。

4　クラウドファンディングを始めるまでの基本的な流れ

① クラウドファンディングの形態を選択する。

② 利用するクラウドファンディングのプラットフォームを選択する。

③ 支援者に提供する内容（リターン品等）を検討する。

④ クラウドファンディングのプラットフォームに掲載する内容（プロジェクトの説明文、画像、資料等）を作成する。

⑤ クラウドファンディングのプラットフォームへプロジェクトの掲載を申し込む。

5　気を付けるべき点

クラウドファンディングでは通常、資金調達を募る期間と目標金額を定めます。目標金額の資金調達を達成できなかった場合にどのようにするかについて、２種類の方式があります。１つ目が All or Nothing 型と呼ばれる、集まった金額がすべて支援者に返還される方式です。２つ目は All in 型と呼ばれる、目標金額に満たなかったとしても集まった金額は返還されない方式です。いずれの方式を採用するべきか、All in 型の場合には返還しないことへの非難を受けないようなプロジェクトなのかも含め、よく検討する必要があります。

また、クラウドファンディングで資金調達を実現するためには、S

ＮＳ上で積極的に発信し、プロジェクトの魅力、起案者の真剣度を伝えることが重要と考えられています。ＳＮＳを活用することには、誹謗中傷を受ける等のリスクもありますので、注意が必要です。

他方で、クラウドファンディングについてよく思わない檀信徒がいる場合もあるかと思われます。資金調達に気を取られて本業を疎かにすることはあってはなりませんし、檀信徒の意見をくみながら寺院の発展を考えるべきです。そのため、クラウドファンディングを進めるにあたっては、檀信徒も含め、十分に意見交換を行って、不満が生じない方法を模索していく必要があります。

6　宗教法人法上の手続

前述のとおり、クラウドファンディングはさまざまな形態がありますので、その実質に応じて、宗教法人法上必要な手続を検討すべきです。

クラウドファンディングを始めることについては、責任役員の定数の過半数による決議（法19条、宗教法人規則に別段の定めがある場合にはその方法による決定）が必要と考えられます。

また、借入れを伴う場合には、檀信徒その他の利害関係人への事前の公告（法23条２号）を行う必要があります。

事業内容に応じて、他の手続が必要となることもあります。

第6章

宗教法人の税務

税理士　菊地 則夫

Q１　源泉徴収制度

? 宗教法人は、所得税を納付する義務がありますか。

A　宗教法人の役職員（住職、宮司、教会長、また一般僧侶、神職、牧師、教師及び事務職員等）が宗教法人から給与等を受け取った際、金額に見合った所得税等を納付する義務があります。

そして、宗教法人は、役職員に対する給与等を支払う際に、一定の所得税を天引きする方法により徴収して国に納付する義務があります。

解　　説

1　所得税

所得税とは、個人の所得に対して課される税金で、毎年１月１日から12月31日の１年間に得た所得に対して課される税です。

所得税は、所得者自身が当該年度の所得金額及びこれに対する税額を計算し、これらを自主的に申告して納付する「申告納税制度」を原則としていますが、給与や報酬等特定の所得については、その所得の支払の際に支払者が所得税を徴収して国に納付するという源泉徴収制度が採用されています。また、平成25年１月１日から令和19年12月31日までの間に生じる所得のうち、所得税の源泉徴収の対象とされている所得については、所得税を徴収する際に、復興特別所得税を合わせて徴収し、徴収した所得税と一緒に納付しなければなりません。この所得税及び復興特別所得税を徴収して国に納付する義務のある者を源泉徴収義務者といいます。

2　源泉徴収義務者

宗教法人の役職員（住職、宮司、教会長、また一般僧侶、神職、牧師、教師及び事務職員等）が宗教法人から給与等の所得を得た場合においても所得税等を納付する義務があるところ、宗教法人も、役職員に給与、報酬、退職金等を支払う場合には、源泉徴収義務者となります。

3　源泉徴収義務の対象となる所得

宗教法人が源泉徴収義務を負う主な所得は、給与、退職所得、報酬·料金、講演料です。具体的には、原稿の執筆に対する報酬、講演会を行った講師に対する謝礼、弁護士、公認会計士、司法書士等の特定の資格を持つ人などに支払う報酬、祭事において音楽や舞踊を担当した者に対する報酬などが源泉徴収の対象になります。

Q2　源泉徴収の対象となる給与

? 源泉徴収の対象となる給与は、金銭の他に物品の支給も含まれますか。

A　源泉徴収の対象となる給与には、金銭の他に経済的利益の供与や物品の支給も含まれます。

解　　説

給与は通常の場合金銭で支給されますが、宗教法人が、代表役員や職員等に対して食事など現物で支給している場合や、住居を無償で提供しているような場合には、いわゆる現物給与の支給をしたものとされ、原則としてその現物給与につき源泉徴収の対象に含める必要があります。

宗教法人の場合に、特に問題となる事案を以下に挙げます。

①　住職が庫裏等に無償で居住している場合

宗教法人の住職や宮司等が庫裏や社務所等に無償で居住している場合、その庫裏や社務所等に居住することは、職務の遂行上やむを得ない必要に基づくものと認められますので、住職や宮司等が居住する家屋又は部屋として相当なものである限り、源泉徴収の対象とする必要はありません。

②　職員等が負担すべき飲食代等を宗教法人が負担した場合

職員が、日常において個人で負担すべき飲食代を、宗教法人が負担した場合、原則として、職員に対してその負担した金額分の給与の支給があったものとされます。所得税基本通達36－38によれば、使用者が職員に支給する食事について、①使用者が調理して支給する食事についてはその食事の材料等に要する直接費の額に相当する金額、②使用者が購入して支給する食事については、その食事の購入価額に相当する金額、の各支給があったものと評価しています。もっとも、使用者が役員又は使用人に対し支給した食事（宿日直又は残業をした場合に支給される食事を除きます）につき当該役員又は使用人から実際に徴収している対価の額が、所得税基本通達36－38により評価した当該食事の価額の50％相当額以上である場合には、当該役員又は使用人が食事の支給により受ける経済的利益はないものとされます[172]。

③　宗教法人が使用人に衣服等を無償で支給した場合

宗教法人が使用人に個人で負担すべき衣服等を無償で支給又は貸与した場合には、原則として、その衣服等の価額又は貸与料に相当する金額の給与の支給があったものとして源泉徴収の対象とされます。

もっとも、宗教法人が住職等に支給又は貸与する法衣等については、業務上必要なものであり一種の制服ともいえますので、源泉徴収の対象にはなりません。

④　宗教法人が住職等の子弟の学費を負担した場合

例えば宗教法人が、（将来住職等の地位を承継する予定である）住職の子弟の学費を負担した場合、その負担した金額は住職等に対して給与の支給があったものとして取り扱われ、その負担した金額を住職等の給与に含めて源泉徴収の対象とする必要があります。

172　ただし、当該食事の価額からその実際に徴収している対価の額を控除した残額が月額3,500円を超えるときは、この限りでない。

Q3　源泉徴収手続の流れ

給与所得の源泉徴収手続の流れを教えてください。

A　**宗教法人は、原則として、源泉徴収した所得税及び復興特別所得税を、給与を支払った月の翌月10日までに国に納付します。**

もっとも、月々に徴収した税額の１年間の合計額は、その１年間の給与所得に対する年税額とは一致しないのが通常であるため、その年最後の給与の支払の際に、その年１年間の給与所得に対する年税額を計算し、その過不足額を精算（還付又は徴収）する年末調整手続を行います。

解　　説

1　所得税及び復興特別所得税の納付

賞与以外の給料や賃金などを支払う際に源泉徴収をする税額は、「給与所得の源泉徴収税額表」によって求めます。

宗教法人は、役職員の給与から源泉徴収した所得税及び復興特別所得税を、給与を支払った月の翌月10日までに納付書を添えて国に納付しなければなりません。納付書の記載にあたっては、住所、氏名、税務署から通知された整理番号などの記入漏れがないようにします。源泉徴収した所得税及び復興特別所得税を納付する際には、これらの金額を区分することなく、その所得税及び復興特別所得税の合計額を納付書に記載して納付します。

もっとも、給与の支給人員が常時９人以下のときは、源泉徴収した所得税及び復興特別所得税の納期が毎月ではなく、７月と翌年の１月の年２回にまとめられる特例があります。この特例は、給与や退職手当、税理士などの報酬・料金について源泉徴収した所得税及び復興特別所得税に限られています[173]。

2　年末調整手続

月々の給料については、前述のように「給与所得の源泉徴収税額表」によって源泉徴収を行いますが、月々に徴収した税額の１年間の合計額は、その１年間の給与所得に対する年税額とは一致しないのが普通です。このため、給与の支払者は、その年最後の給与の支払の際に、その年１年間の給与所得に対する年税額を計算し、既に月々の給与などの支払の際に源泉徴収をした税額の合計額と比較して過不足額を求め、その過不足額を精算（還付又は徴収）します。この手続を年末調整といい、年末調整は、「給与所得者の扶養控除等申告書」を提出している人（甲欄適用者）で、その提出先から受ける給与の収入金額が年間2,000万円以下の人について行います。

173　この方法によって納付する場合は、事前に「源泉所得税の納期の特例の承認に関する申請書」を提出する。申請書の提出先は、給与の支払事務を取り扱う事務所等の所在地を所轄する税務署長となる。

Q４　確定申告

給与に係る所得税の納税については、源泉徴収制度によって手続が完了されていると考えてよいのですか。

A　役職員個人に講演料などの収入があるときや、宗教法人からの給与のほかに他の勤務先などからの給与を受け取っているときは、自ら確定申告を行う必要があります。

解　説

給与に係る所得税の納付手続は、源泉徴収制度によることが原則ですが、次の要件にあてはまる人については、その年の所得を合計して、翌年の２月16日から３月15日までの間に、その所轄の税務署に確定申告を行う必要があります。

①　本年中の給与の収入金額が2,000万円を超える人

②　１か所から給与を受け取っていて、かつ、その給与の全部が源泉徴収の対象となる場合において、給与所得及び退職所得を除く各種所得（地代、家賃、原稿料等の所得）との合計額が20万円を超える人

③　２か所以上から給与を受け取っていて、かつ、その給与の全部が源泉徴収の対象となる場合において、年末調整されなかった給与の収入金額と、給与所得及び退職所得を除く各種所得との合計が20万円を超える人

Q５　宗教法人の会計と個人の家計の明確な区別

？ 宗教法人が源泉徴収の義務を負うことは理解しましたが、その際に注意すべきことはありますか。

A　日頃から、住職個人の家計と宗教法人の会計とを明確に区分しておくことが重要です。

解　　説

宗教法人の会計を適正に処理するため、日頃から宗教法人の収支と住職等個人の収支を明確に区分しておくことが必要です。特に、住職等の給与については、あらかじめ適正な金額を定め毎月一定の日に支給するようにしましょう。

1　宗教法人の収入

宗教活動に伴う収入や宗教法人の資産から生じる収入は、全て宗教法人の収入となります。布施、奉納金、会費、献金、賽銭、寄附金、雑収入等は全て宗教法人の収入として、宗教法人の会計帳簿に正しく記載する必要があります。宗教法人の収入として計上されるべき金員を住職等が個人的に費消した場合には、その金額分の給与が住職に支払われたものとされ、宗教法人に源泉徴収義務が生じます。

2　宗教法人の支出

宗教活動に伴う支出や宗教法人の資産の維持、管理に要する支出は、全て宗教法人の支出となります。住職個人の家計における支出（光熱費、交通費等）を宗教法人の支出として処理してしまうと、かかる支出分の給与が住職に支払われたものとされ、宗教法人に源泉徴収義務が生じます。宗教法人の支出と住職個人の家計における支出を明確に区別しましょう。

3　宗教法人の財産

預貯金や不動産等の財産についても、宗教法人のものと住職等個人のものとを明確に区分しておくことが必要です。

Q６　法人税が課税される場合

宗教法人は、どのような場合に法人税の納税義務を負うのでしょうか。

A　宗教法人が収益事業を行った場合に、法人税の納税義務を負います。

解　　説

法人税とは、法人の企業活動により得られる所得に対して課される税をいいます。法人税法４条１項は、法人税の納税義務者について「内国法人は、この法律により、法人税を納める義務がある。ただし、公益法人等又は人格のない社団等については、収益事業を行う場合、法人課税信託の引受けを行う場合又は第84条第１項（退職年金等積立金の額の計算）に規定する退職年金業務等を行う場合に限る」と定めています。すなわち、株式会社のような営利目的法人は全ての所得について法人税が課税されますが、宗教法人等の公益法人は、収益事業を行う場合に、その収益事業から生じた所得に対してのみ法人税が課税されます。

１　収益事業

では、法人税が課税される収益事業とはどのようなものなのでしょうか。

法人税法２条13号は、収益事業について「販売業、製造業その他の政令で定める事業で、継続して事業場を設けて行われるものをいう」と定義し、法人税法施行令５条は、次の34種類の事業を収益事業に該当するとしています。

これらの34種類の事業は限定列挙の形式を取っており、収益を上げる事業であっても、34種類の事業に該当しなければ、収益事業ではなく、法人税は課税されないことになります。

1	物品販売業	10	請負業	19	仲立業	28	遊覧所業
2	不動産販売業	11	印刷業	20	問屋業	29	医療保健業
3	金銭貸付業	12	出版業	21	鉱業	30	技芸教授業
4	物品貸付業	13	写真業	22	土石採取業	31	駐車場業
5	不動産貸付業	14	席貸業	23	浴場業	32	信用保証業
6	製造業	15	旅館業	24	理容業	33	無体財産権提供業
7	通信業	16	飲食業	25	美容業	34	労働者派遣業
8	運送業	17	斡旋業	26	興行業		
9	倉庫業	18	代理業	27	遊技所業		

「収益事業」には、その性質上その事業に付随して行われる行為（「付随行為」）も含まれます。

2　宗教法人に課される法人税

法人税額の計算方法は、所得金額を基礎として、その金額に税額控除等の調整を行った上で、最後に税率を乗じて算出します。

宗教法人が行った「収益事業」から得た所得に対する法人税率は、各事業年度の収益事業に係る所得金額の19％[174]です。営利目的法人の場合、資本金１億円以下の法人税率は23.2％（所得金額が年800万円

174　平成24年４月１日から令和７年３月31日までの間に開始する各事業年度の所得金額のうち年800万円以下の金額については15％。

以下の金額については19%)[175]ですから、宗教法人は、課税される場合であっても営利目的法人に比して税率が軽減されています。

175　前掲注174)

Q７　収益事業・非収益事業の区別①：物品販売業

お守り、お札、おみくじ等の販売は第１号の物品販売業（収益事業）に該当するのでしょうか。

A

お守り、お札、おみくじ等の販売のように、仕入原価に比して販売価格が高額であり、仕入原価と販売価格の差額が実質的なお布施と認められるような場合には、物品販売業（収益事業）には該当しません。

解　説

法人税基本通達15－1－10は、宗教法人の物品販売業について「宗教法人におけるお守り、お札、おみくじ等の販売のように、その売価と仕入原価との関係からみてその差額が通常の物品販売業における売買利潤ではなく実質は喜捨金と認められる場合のその販売は、物品販売業に該当しないものとする。ただし、宗教法人以外の者が、一般の物品販売業として販売できる性質を有するもの（例えば、絵葉書、写真帳、暦、線香、ろうそく、供花等）をこれらの一般の物品販売業者とおおむね同様の価格で参詣人等に販売している場合のその販売は、物品販売業に該当する」と定めています。

かかる通達によれば、お守り、お札、おみくじ等の販売のように、仕入原価に比して販売価格が高額であり、仕入原価と販売価格の差額が実質的なお布施と認められるような場合には、その物品の販売は、物品販売業には該当しません。しかし、一般の物品販売業者においても販売されているような性質の物品（例えば、絵葉書、写真帳、暦、線香、ろうそく、供花、数珠、集印帳、硯墨、文鎮、メダル、楯、ペナント、キーホルダー、杯、杓子、箸、陶器等）を通常の販売価格で販売する場合には、仮に寺院の名称・絵柄が表徴されていても、物品販売業に該当することになります。

ただし、もっぱら参詣にあたって仏前等に奉げるための線香やろうそく、供花等の販売は、物品販売業には該当しません。

Q８　収益事業・非収益事業の区別②：不動産貸付業（墳墓地等の貸付け）

墳墓地等の不動産の貸付けは不動産貸付業（収益事業）に該当するのでしょうか。

A　墳墓地等の不動産の貸付けは不動産貸付業（収益事業）に該当しません。

解　説

宗教法人が信者等に対して墳墓地の貸付けを行うことは、仮に、使用期間に応じて継続的に地代を徴収したり、貸付け当初に「永代使用料」として一定金額を徴収した場合であっても、不動産貸付業に該当しないこととされています（法人税法施行令５条１項５号ニ、法人税基本通達15－１－18）。

なお、墳墓地の使用料の他に、墳墓地の管理のために墓地使用権者から管理料を収受する場合には、請負業（収益事業）に該当すると判断されているため、注意が必要です（国税不服審判所裁決平成26年12月８日）。

Q９ 収益事業・非収益事業の区別③：不動産貸付業（不動産の貸付け）

？ 宗教法人がその所有する不動産を他の者に賃貸することは、不動産貸付業（収益事業）に該当するのでしょうか。

A 宗教法人が、その所有する不動産を賃貸することは、原則として不動産貸付業にあたり、収益事業に該当します。

なお、不動産貸付業に該当する場合でも一定の場合には、非課税とされています。

解　説

不動産貸付業とは、不動産をその用途・用法に従って、他の者に利用させ対価を得る事業をいいます。賃貸借契約を締結して土地・建物等の全部、又は一部を第三者に使用させる行為が代表例です[176]。

不動産貸付業には、施設の一画を他の者に継続的に使用させるいわゆるケース貸し及び広告等のために建物その他の建造物の屋上、壁面等を他の者に使用させる行為が含まれます。

宗教法人が、所有する土地や建物を賃貸することは、原則として、不動産貸付業に該当します。もっとも以下の場合には非課税とされています。

① 墳墓地等の不動産の貸付業

墳墓地等の不動産の貸付けは、収益事業から除外されています

176 他の者に不動産を使用させる行為であっても、倉庫業、席貸業、遊技所業又は駐車場業のいずれかに該当するものは、不動産貸付業に含まれない（収益事業には該当することに注意）。

（Q８参照）。

②　国又は地方公共団体に対する不動産の貸付

宗教法人が、国又は地方公共団体に対し直接貸し付けられる不動産の貸付業は、収益事業から除外されています。

もっとも、「直接貸し付けられる」とは、国等によって直接使用されることを目的として当該国等に貸し付けるものに限られますので、たとえ、宗教法人が国又は地方公共団体と賃貸借契約を締結していても、当該不動産が国等以外の者に転貸されている場合には、「直接貸し付けられる」とはいえず、収益事業に該当することとなります。

③　住宅の用に供される土地の不動産貸付

主として住宅用地として賃貸する場合に、その地代の金額が低廉であるものは、収益事業から除外されます。すなわち、①床面積の２分の１以上を居住用としている家屋の敷地であり、②その敷地の面積が、家屋の床面積の10倍以下であることに加え、③当該土地の固定資産税額及び都市計画税額の合計額の３倍以下である、④建物の用途が別荘でないこと、の４つの要件を充足するときには、低廉貸付として収益事業には該当しないとされています。

Q10　収益事業・非収益事業の区別④：席貸業

境内地等の席貸しは席貸業（収益事業）に該当するのでしょうか。

A　**境内地等の席貸しは、宗教法人の本来の宗教活動と認められる場合を除いて、席貸業（収益事業）に該当します。**

解　　説

宗教法人の境内地や本堂や講堂等の施設を、不特定又は多数の者に会議、研修等の娯楽、遊興又は慰安の目的で席貸しすることは、国又は地方公共団体の用に供するためのものなど一定の要件に該当するものを除き、席貸業に該当します。

他方、信者等の葬儀のために本堂を使用し、これに対してお布施等の対価を収受したとしても、宗教法人の本来の宗教活動であるため収益事業には該当しません。

Q11　収益事業・非収益事業の区別⑤：旅館業

? 宿泊施設の経営は旅館業（収益事業）に該当するのでしょうか。

A　宗教法人による宿泊施設の経営は、原則として旅館業（収益事業）に該当します。

解　説

宗教法人が所有する宿泊施設に信者や参詣人を宿泊させて宿泊料を受ける行為が収益事業に該当するかについて、法人税基本通達15-1-39は「令第５条第１項第15号《旅館業》の旅館業には、下宿営業のほか、旅館業法による旅館業の許可を受けないで宿泊させ、宿泊料（その実質が宿泊料であると認められるものを含む。以下15－1－42までにおいて同じ。）を受ける事業が含まれます。したがって、例えば宗教法人が宿泊施設を有し、信者又は参詣人を宿泊させて宿泊料を受けるような行為も、15－1－42に該当するものを除き、旅館業に該当する」と定めています。したがって、宗教法人が、宿泊施設に信者や参詣人を宿泊させ宿泊料を受領する行為は、宗教法人が旅館業の許可を受けていなくとも、原則として旅館業にあたり、収益事業に該当します。

もっとも、宗教活動に関連して利用される簡易な共同宿泊施設に宿泊させ、その宿泊料金が全ての利用者につき１泊1,000円（食事を提供するものについては、２食付きで1,500円）以下となっている場合は、収益事業には該当しません（法人税基本通達15－1－68）。

Q12　収益事業・非収益事業の区別⑥：興行業

？ 宗教法人が所蔵品等を展示する行為は、興行業（収益事業）に該当するのでしょうか。

A　宗教法人が所蔵品等を展示する行為は、興行業（収益事業）に該当しません。

解　　説

法人税基本通達15－1－52は、「常設の美術館、博物館、資料館、宝物館等において主としてその所蔵品（保管の委託を受けたものを含む。）を観覧させる行為は、興行業に該当しない」と規定していることから、宗教法人がその所蔵している物品又は保管の委託を受けたものを常設の宝物館等において不特定の者に観覧させ、入場料等の対価を受領する行為は、興行業には該当しません。

Q13　収益事業・非収益事業の区別⑦：技芸教授業

? 宗教法人による茶道、生花等の教授は、技芸教授業（収益事業）に該当するのでしょうか。

A　宗教法人による茶道、生花等の教授は、技芸教授業（収益事業）に該当します。

解　説

宗教法人が茶道教室、生花教室等を開設し、茶道、生花等特定の技芸を教授する事業は、技芸教授業に該当します。

収益事業の対象となる技芸は、法人税法施行令５条１項30号に規定されており、茶道、生花のほか、洋裁、和裁、着物着付け、編物、手芸、料理、理容、美容、演劇、演芸、舞踊、舞踏、音楽、絵画、書道、写真、工芸、デザイン（レタリングを含みます）、自動車操縦若しくは小型船舶の操縦等があります。

なお、これらの技芸の教授には、通信教育によるもののほか、免許、卒業資格、段位、級、師範、名取り等の一定の資格、称号等だけを付与するものも含まれるとされています。

Q14　収益事業・非収益事業の区別⑧：駐車場業

? 宗教法人による駐車場の経営は、駐車場業（収益事業）に該当するのでしょうか。

A　宗教法人による駐車場の経営は、駐車場業（収益事業）に該当します。

解　説

宗教法人が境内の一部の土地を、不特定又は多数の者に駐車場として時間貸しを行う場合や、月極め等で相当期間にわたり継続して同一人に駐車場所を提供する場合は、駐車場業に該当します。また、駐車場に適する土地を駐車場所として一括して第三者に貸し付ける事業も駐車場業に該当します。

なお、駐輪場の場合には倉庫業にあたり、同様に収益事業に該当します。

Q15　収益事業・非収益事業の区別⑨：結婚式場の経営事業

? 宗教法人による結婚式場の経営は、収益事業に該当するのでしょうか。

A　宗教法人による結婚式場の経営は、収益事業に該当します。

解　説

宗教法人が本堂等において仏前結婚の挙式を行う場合、宗教活動の一部と認められるものは収益事業に該当しません、しかし、挙式後の披露宴のために宴会場を提供することは席貸業に該当し、飲食物の提供は飲食店業、和装等の物品の貸付けは物品貸付業、記念写真の撮影は写真業に該当し、収益事業とされています。

Q16　収益事業に付随する行為

? 収益事業に該当する34種類の事業には、「その性質上その事業に付随して行われる行為」も含まれると聞きました。この「付随して行われる行為」とは、具体的にどのような行為を指すのでしょうか。

A　「付随して行われる行為」には、収益事業に属する資産の運用、固定資産の処分、出版業の公告の引受け、技芸教授業の教科書等の販売、旅館業における席貸し、興行業における興行に関する放送の許諾などが含まれます。

解　　説

「付随して行われる行為」とは、次に掲げる行為のように、「その収益事業に係る事業活動の一環として、又はこれに関連して行われる行為」をいうとされています（法人税基本通達15－1－6）。

①「出版業を行う宗教法人が行う、その出版に係る業務に関係する講演会の開催又は当該業務に係る出版物に掲載する広告の引受け」

もっとも、出版業務とは直接的な関係を有さず、独立した事業とは認められない程度のものは出版業の付随行為とはいえないため、技芸教授業にあたらない限り、収益事業には該当しないとされています。

②「技芸教授業を行う宗教法人が行うその技芸の教授に係る教科書その他これに類する教材の販売及びバザーの開催」

もっとも、技芸教授業を行わない宗教法人が教科書を販売したり、年１、２回バザーを開催しても収益事業には該当しないとされています。

③「旅館業又は料理店業を行う宗教法人がその旅館等において行う会議等のための席貸し」

④「興行業を行う宗教法人が放送会社に対しその興行に係る催し物の放送をすることを許諾する行為」

⑤「宗教法人が収益事業から生じた所得を預金、有価証券等に運用する行為」

もっとも、預金、有価証券等のうち収益事業以外の事業に属する資産として区分経理した資産を運用する行為は、「付随行為」に含めないことができます。この場合、区分経理した金額については、みなし寄附金（Q17）の規定の適用があります（法人税基本通達15－1－7）。

⑥「宗教法人が収益事業に属する固定資産等を処分する行為」

もっとも、相当期間（おおむね10年以上）にわたり保有していた固定資産等の処分損益や、収益事業の全部、又は一部を廃止したことに伴う固定資産の譲渡損益等は、収益事業に係る損益に含めないことができます（法人税基本通達15－2－10）。

Q17　みなし寄附金制度

? **宗教法人には、収益事業から得た利益についてみなし寄附金制度の適用があると聞きましたが、みなし寄附金制度とはどのような制度ですか。**

A **みなし寄附金制度とは、宗教法人が、収益事業に属する資産のうちから収益事業以外の事業のために支出した金額については、その支出した金額を収益事業に係る寄附金の額とみなして、寄附金の損金算入限度額の範囲内で損金経理を認める制度です。**

解　説

1　みなし寄附金制度

営利目的法人がなす寄附金については、原則として限定的な金額しか損金となりません。他方、宗教法人等の公益法人等は、公益事業を行うことを主たる目的としているため、公益法人等が行う収益事業は、その公益事業の財源を賄う目的でなされるものと解釈されています。そこで、収益事業に属する資産から収益事業以外の事業のために支出した金額については、これを寄附金とみなして法人税等の計算上、一定の範囲内で損金算入を認めるという法人税法上の軽減措置が認められています。これがみなし寄附金制度です。この収益事業に係る寄附金の額については、次の算式により計算した金額の範囲内で損金の額に算入されます。

（算式）

各事業年度の収益事業に係る所得金額×20/100＝損金算入限度額

2　みなし寄附金制度の適用要件

宗教法人が収益事業と収益事業以外の事業を行う場合、それぞれの事業を区分しなければならないとされています。この区分は、収益・費用（損益計算書）のみならず、資産・負債（貸借対照表）についても同様です。みなし寄附金制度は、「収益事業に属する資産のうちから収益事業以外の事業のために支出した金銭等の金額」と規定されているため、みなし寄附金制度の適用を受けるためには、このような区分経理を行っていることが前提となります。

Q18　収益事業の開始

? 宗教法人が収益事業を行う場合、どのような手続が必要になりますか。

A　宗教法人が収益事業を開始する場合や現に収益事業を行っている場合は、所轄の税務署に対して以下の届出・申請及び法人税・地方法人税の申告・納付を行う必要があります。

- 収益事業開始届出書の提出
- 青色申告の承認申請
- 棚卸資産の評価方法等の届出

解　説

1　届出及び申請

宗教法人が新たに収益事業を開始し、又は現に収益事業を行っている場合、所轄の税務署に対して届出をし、又は申請をするものとしては、以下のようなものがあります[177]。

(1)　収益事業開始届出書の提出

宗教法人が新たに収益事業を開始した場合、開始した日以後２か月以内に「収益事業開始届出書」を所轄の税務署長へ提出することになっています。

(2)　青色申告の承認申請

宗教法人が青色申告書を提出しようとする場合には、その提出しよ

177　国税庁『令和６年版 宗教法人の税務』15頁。

うとする事業年度開始の日の前日までに、所轄の税務署長に「青色申告の承認申請書」を提出して、その承認を受けなければなりません。なお、収益事業開始初年度から青色申告書を提出しようとする場合には、その開始の日以後３か月を経過した日と収益事業開始初年度終了の日とのうち、いずれか早い日の前日までに申請すればよいことになっています。

青色申告書を提出する法人については、欠損金の繰越控除（10年間）や租税特別措置法の規定による特別償却等の特典が受けられることになっています。

(3) 棚卸資産の評価方法等の届出

法人税の額を計算する際に、棚卸資産の評価方法や有価証券１単位あたりの帳簿価額の算出方法は、一定の方法を選択できることになっていることから、宗教法人がそれらの選択をしようとする場合には、所定の期日までにその選択しようとする方法を届け出る必要があります。また、減価償却資産の償却方法についても、定額法によることとされている建物、建物附属設備、構築物や無形減価償却資産等を除いて、定額法を選択できることになっていることから、所定の期日までにその選択しようとする方法を届け出る必要があります。この届出をしない場合には、例えば、棚卸資産の評価方法については最終仕入原価法、減価償却資産の償却方法については定率法というように法律で定められた方法により計算をすることになります。

2 法人税・地方法人税の申告[178]

収益事業を行った宗教法人は、所轄の税務署長に対して所得金額や法人税の額等を記載した法人税確定申告書を提出するとともに、その法人税の額を納付しなければなりません。この手続は、各事業年度終了の日の翌日から２か月以内に行う必要があります。

この場合の法人税の額は、各事業年度の収益事業に係る所得金額に

178 国税庁『令和６年版 宗教法人の税務』16頁。

19%（平成24年４月１日から令和７年３月31日までの間に開始する各事業年度の所得金額のうち年800万円以下の金額については15%）の税率を乗じて計算した金額です。

なお、法人税確定申告書の提出にあたっては、収益事業に関する貸借対照表や損益計算書等だけでなく、収益事業以外の事業に関するこれらの書類も添付する必要があります[179]。

また、法人税の納付義務がある宗教法人は、地方法人税の納税義務者でもあります。法人税の場合と同じように、各事業年度終了の日の翌日から２か月以内に所轄の税務署長に対して課税標準法人税額や地方法人税額等を記載した地方法人税確定申告書を提出するとともに、地方法人税の額を納付しなければなりません。

地方法人税の額は、各課税事業年度の課税標準法人税額に10.3%の税率を乗じて計算した金額となります。

179　法人税に関する租税特別措置のうち税額又は所得の金額を減少させる規定を適用する場合には、「適用額明細書」を法人税の確定申告書に添付する必要がある。そのため、所得金額のうち年800万円以下の金額について15%の税率を適用する場合にも、所定の事項を記載の上、添付しなければならない。

Q19　税務署長への提出義務

？ 収益事業を行っていなくとも、所轄の税務署長へ会計書類の提出が必要な場合があると聞きました。どのような場合に、会計書類の提出が必要なのですか。

A　収益事業を行っていない宗教法人であっても、一定の収入がある場合には、損益計算書又は収支計算書（以下「損益計算書等」といいます）を所轄の税務署長に提出する必要があります。

解　　説

収益事業を行っておらず、法人税確定申告書を提出する必要のない宗教法人であっても、布施収入などを含めた年間の収入額（資産の売却による収入で臨時的なものは除外します）の合計金額が8,000万円を超える場合には、その事業年度の損益計算書又は収支計算書（以下「損益計算書等」といいます）を事業年度終了の日の翌日から４か月以内に、所轄の税務署長に提出する必要があります[180]。

180　宗教法人法など他の法令に基づいて作成している損益計算書等で、事業収入が事業の種類ごとに区分されているもの又は事業収入の明細書が添付されているものがある場合には、その損益計算書等の提出で足りる。

Q20　宗教法人と消費税

? 宗教法人に、消費税及び地方消費税の納税義務はありますか。

A　宗教法人の行う事業によっては、消費税及び地方消費税の納税義務があります。

解　　説

1　消費税

消費税は、消費一般に広く公平に課税する間接税です。その納税義務は事業者が負いますが、事業者に負担を求めるものではなく、税金分は事業者が販売する商品やサービスの価格に含まれて、次々と転嫁され、最終的には消費者が負担することになります。消費税の課税対象は、国内において事業者が行った資産の譲渡[181]及び保税地域からの外国貨物の引取りです。

また、地方消費税は地方分権の推進、地域福祉等の充実等のために創設された地方税で、消費税の課税対象とされる資産の譲渡等を課税対象としています。消費者が負担する消費税は、消費税及び地方消費税の合計額であり、標準税率10％と軽減税率８％の複数税率になっています。

消費税率及び地方消費税率については、次のとおりです。

181　資産の譲渡とは、事業として対価を得て行われる資産の譲渡及び貸付け並びに役務の提供をいう。

	標準税率	軽減税率（※）
消費税率	7.8%	6.24%
地方消費税率	2.2% （消費税額の22/78）	1.76% （消費税額の22/78）
合計	10%	8％

（※）軽減税率の適用対象は、①酒類・外食を除く飲食料品、②週２回以上発行される新聞（定期購読契約に基づくもの）の譲渡を対象としています。

（出典：国税庁『令和６年版 宗教法人の税務』17頁より一部修正）

宗教法人であっても事業を行う事業者である以上、一般の事業会社同様に免税事業者（前々事業年度の課税売上高が1,000万円以下の宗教法人）に該当する場合を除き、国内で課税資産の譲渡等を行えば消費税・地方消費税の納税義務を負うことになります。

なお、基準期間（前々事業年度）における課税売上高が1,000万円以下であっても特定期間（その事業年度の前事業年度開始の日以後６か月の期間）における課税売上高が1,000万円を超えた場合、その事業年度（課税期間）から課税事業者となります[182]。

また、その事業年度の前々事業年度の課税売上高が5,000万円以下である等一定の要件を充足する事業者は、課税売上高と営む業種によるみなし仕入高に基づいて納付すべき税額を計算する簡易課税制度を利用することができます。簡易課税制度により計算される税額は、一般的に本則課税による税額よりも低くなります。

2　消費税の課税対象

消費税の課税対象となるかどうかの判断基準は、原則として事業として行われる行為が対価性のある資産の譲渡などにあたるかどうかで判断されます。寄附や贈与で金品を受領するような場合には、相手方に対して資産の譲渡、資産の貸付け又は役務の提供を行い、その反対

182　特定期間における1,000万円の判定は、課税売上高に代えて、給与等支払額の合計額により判定することもできる。

給付として金品を受領するものではないことから、消費税の課税対象となりません。

また、資産の譲渡等にあたるものであっても、消費税の性格から課税対象とすることに馴染まないものや社会的政策的な配慮から、一定のものについては非課税取引として消費税は課税されません。宗教法人に係る土地の貸付けや幼稚園の授業料（保育料）、入園料、入園検定料及び施設設備費がこれに該当します。

3　消費税の納付

消費税を納税する場合、法人税と同様に、課税期間（事業年度）終了の日の翌日から２か月以内に所轄の税務署長に対して所定の事項を記載した消費税及び地方消費税の確定申告書を提出するとともに、その申告に係る消費税額及び地方消費税額の合計額を納付します。

■　宗教法人の行う主な事業と消費税の課税、不課税等の一覧表

事業の内容	課税、不課税等の別
葬儀、法要等に伴う収入 （戒名料、お布施、玉串料等）	原則として不課税
お守り、お札、おみくじ等の販売	原則として不課税
絵葉書、写真帳、暦、線香、ろうそく、供花等の販売	課税 ※「線香、ろうそく、供花」の販売のうち、参詣に当たって神前・仏前等に献げるために下賜するものの頒布は不課税。
永代使用料を受領して行う墳墓地の貸付け	土地の貸付けに係るものは非課税
墓地、霊園の管理料	課税
駐車場の経営	課税
土地や建物の貸付け	土地の貸付けは非課税。建物の貸付けは課税。ただし、住宅の貸付けは非課税

宿泊施設（宿坊等）の提供（１泊２食、1,500円以下）	原則として不課税
神前結婚、仏前結婚の挙式等の行為	
①　挙式を行う行為で本来の宗教活動の一部と認められるもの	不課税
②　挙式後の披露宴における飲食物の提供	課税
③　挙式のための衣装その他の物品の貸付け	課税
幼稚園の経営等	
①　幼稚園の経営	保育料・入園料・入園検定料・施設設備費等は非課税
②　制服、制帽等の販売	課税
③　ノート、筆記用具等文房具の販売	課税
常設の美術館、博物館、資料館、宝物館等における所蔵品の観覧	課税
新聞、雑誌、講話・法話集、教典の出版、販売	課税
茶道、生花、書道等の教授	課税
拝観料	原則として不課税

（注）１　「不課税」とは、そのものの性質上消費税の課税の対象とならないものをいい、「非課税」とは本来的には消費税の課税の対象となるものの、社会政策的見地等から課税されないものをいいます。

２　上記事業のうち不課税となる事業収入は、特定収入に該当します。

（出典：国税庁『令和６年版 宗教法人の税務』より一部修正）

Q21　インボイス制度

？ 令和５年10月よりインボイス制度が始まりましたが、宗教法人も関係があるのでしょうか。

A　インボイス制度とは、消費税額等が記載された請求書を事業者間でやり取りをする制度です。宗教法人においても、例えば、駐車場等施設の貸付けなど課税資産の譲渡等を行った相手方からインボイスの交付を求められる場合があります。

もっとも、インボイス発行事業者の登録を受けるかどうかは宗教法人の任意です。

解　　説

令和５年10月１日から、取引における消費税額を正確に把握するため、消費税の仕入税額控除の方式として適格請求書等保存方式（インボイス制度）が開始されました。適格請求書（インボイス）とは、取引の売手が買手に対して、正確な適用税率や消費税額等を伝えるものです[183]。具体的には、従前の「区分記載請求書」に「登録番号」、「適用税率」及び「消費税額等」の記載が追加された書類やデータをいいます。

取引の売手である登録事業者は、買手である取引相手（課税事業者）から求められたときは、インボイスを交付しなければなりません（また、交付したインボイスの写しを保存しておく必要があります）。インボイス制度に対応しないと、買手にインボイスを交付できません。

他方、買手は仕入税額控除の適用を受けるために、原則として、取

183　国税庁ＨＰ「インボイス制度の概要」より
https://www.nta.go.jp/taxes/shiraberu/zeimokubetsu/shohi/keigenzeiritsu/invoice_about.htm

引相手（売手）である登録事業者から交付を受けたインボイスの保存等が必要となります。買手は、自らが作成した仕入明細書等のうち、一定の事項（インボイスに記載が必要な事項）が記載され取引相手の確認を受けたものを保存することで、仕入税額控除の適用を受けることができます。逆にいえば、インボイスを受け取れなかった買手は仕入税額控除ができず、納付税額が大きく計算されてしまうことになります。

インボイス発行事業者の登録を受けるかどうかは宗教法人の任意です。取引の相手方が消費者や免税事業者である場合には、インボイスの発行を求められることはありません。

インボイス制度の詳細については、国税庁のインボイス制度特設サイト（ＵＲＬ：https://www.nta.go.jp/taxes/shiraberu/zeimokubetsu/shohi/keigenzeiritsu/invoice.htm）をご覧ください。

Q22　宗教法人と固定資産税

宗教法人にも固定資産税の納税義務はありますか。

A　宗教法人の保有する固定資産のうち、「専らその本来の用に供する宗教法人法３条に規定する境内建物及び境内地」、「墓地」については、固定資産税が課されないこととなっています。

ただし、収益事業の用に供している建物、土地については、固定資産税の課税対象になります。

解　　説

1　固定資産税

固定資産税とは、毎年１月１日に現存する固定資産（土地・家屋・償却資産）についてその所有者に課される税金です。土地家屋であれば１月１日に登記簿謄本に所有者として記載されている方が納税義務者となります。

税額計算は、次の通りです。

固定資産税課税標準額※1 ×1.4％※2

※１　固定資産税評価額に一定の率を乗じたもの
　　たとえば住宅用土地については最大1/6になる住宅用特例あり

※２　標準税率（地域によっては最大2.1％まで増加）
　　なお、都市計画区域内の一定の土地・建物については0.3％

2　宗教法人と固定資産税

宗教法人の保有する固定資産は全て非課税となるわけではありませ

ん。その保有する固定資産のうち、「専らその本来の用に供する宗教法人法（以下、本章において「法」といいます）３条に規定する境内建物及び境内地」、「墓地」については、固定資産が課されないこととなっています。

⑴「専ら」とは、「それだけに使用している」という意味ではなく「主に使用している」という意味であるとされています。

⑵「宗教活動の用に供されている」とは、当該宗教団体の目的達成のためにという意味です。すなわち、宗教の教義をひろめ、儀式行事を行い、信者を教化育成するために使用している場所であることを意味します（法２条）。

⑶「境内地」とは、本来的には、境内建物や工作物が存する土地、参道その他宗教上の儀式に用いる土地などをいいます（法３条柱書後段）が、信者が参拝するときに無料で利用する駐車場も非課税の対象に含まれます。

⑷「境内建物」とは、当該宗教法人の目的達成のために供される宗教法人固有の建物及び工作物をいいます（法３条柱書前段）。

具体的には、本堂、社務所、庫裏、教職舎などを指し、これらに付属する建物や工作物も含まれます（法３条１号）。

ただし、宗教法人の所有する固定資産であっても、収益事業の用に供している場合は固定資産税の課税対象になります。税金には「担税力」という考え方があります。担税力とは税金を負担する力のことをいい、「境内建物及び境内地」、「墓地」には収益力がなく担税力がないことから非課税とされていますが、境内建物や境内地であったとしても収益事業を行っているのであれば固定資産を負担する担税力があるとみなされて課税対象になると考えられています。

したがって、宗教法人の施設である寺院や神殿、教会などの建物、土地、設備などのうち、宗教崇拝の用に供されるもの、幼稚園、保育園など学校法人、社会福祉法人等の用に供するものについて固定資産税は課税されませんが、収益事業の用に供される建物、土地、設備等については固定資産税の課税対象となります。

Q23　宗教法人と印紙税

？ 宗教法人にも印紙税の納税義務はありますか。

A　宗教法人が課税文書を作成した場合には、印紙税の納税義務を負います。

解　　説

1　印 紙 税

印紙税とは、不動産売買契約書、土地賃貸借契約書、金銭消費貸借契約書など、印紙税法で規定する文書の作成者に付加される税金のことをいいます。印紙税の納税義務を負う者は、課税文書の作成者です。

印紙税は、原則として課税文書に収入印紙を貼り付けて消印（収入印紙と下の文書にまたがるように印を押します）する方法で納付します。収入印紙の金額は文書に記載されている金額により異なっており、金額の記載がない場合は200円の収入印紙を貼って消印することになっています。

2　宗教法人が作成する文書

宗教法人が作成する文書は、以下のとおりです。

①　墓地使用承諾書

宗教法人が墓地の永代使用を承諾し、使用者が使用料を支払うことを約する文書は、土地の賃借権の設定に関する契約書として課税文書に該当します。

② 請負に関する契約書

宗教法人が寺院等の修繕や工事を工事業者に委託する契約書は、請負に関する契約書として課税文書に該当します。

③ 土地賃貸借契約書

宗教法人が運営する土地等、駐車場の貸付けに関する契約書は、土地賃貸借契約書として課税文書に該当します。

④ 領 収 書

宗教法人の作成する領収書は､収益事業に関するものであっても｢営業に関しないもの」として非課税となります。そのため宗教法人が発行する領収書はすべて収入印紙が不要となります。

3 過 怠 税

なお、課税対象とされる文書に印紙を貼らなかった場合、貼るべき印紙税額とその２倍（すなわち印紙税額の３倍）の過怠税が課されます。収入印紙を貼ったものの消印していなかった場合も、貼るべき印紙税額と同等額の過怠税が課されるため注意が必要です。

Q24　信者から宗教法人への遺贈・贈与

？ 信者からその所有する土地を寄附されましたが、この場合に信者や宗教法人に、税金が課されるのでしょうか。

A　信者が宗教法人に不動産を寄附した場合、その信者は不動産を時価で譲渡したものとして、その譲渡所得に対して所得税が課されますが、一定の要件を満たした場合には所得税は課されません。

他方、寄附を受けた宗教法人には、原則として課税されることはありませんが、一定の場合には贈与税等が課されることがあります。

解　　説

信者が宗教法人に不動産を贈与又は遺贈をした場合、その信者は不動産を時価で譲渡したものとして、その譲渡所得に対して所得税が課されます（所得税法59条１項１号）。

もっとも、次の要件を充足し、租税特別措置法40条（国等に対して財産を寄附した場合の譲渡所得等の非課税）の適用を受ける場合には、所得税は課税されません。

①　その寄附が教育又は科学の振興、文化の向上、社会福祉への貢献その他公益の増進に著しく寄与すること
②　寄附に係る財産が、その寄附のあった日から２年以内に寄附を受けた宗教法人の公益を目的とする事業の用に供され又は供される見込みであること
③　当該寄附により、贈与者等の所得税を不当に減少させ、又はその贈与等者の親族等の相続税や贈与税の負担を不当に減少させる結果とならないと認められること

この特例を受けるためには、宗教法人に寄附した日から４か月以内に納税地の所轄税務署長を経由して国税庁長官に承認申請をする必要があります。①～③の３要件については判断基準が詳細に定められていることから、国税庁長官の承認を得るためにはあらかじめ税務署に相談して適切なアドバイスを受けることをお勧めします。

他方、贈与又は遺贈を受けた宗教法人等は原則として課税されません。

しかし、当該贈与又は遺贈により当該贈与又は遺贈をした者の親族その他これらの者と特別の関係がある者の相続税等の負担が不当に減少する結果となると認められるときは、当該宗教法人を個人とみなして相続税等が課税されることになります。

Q25　住職の地位の承継

？ 住職である私が亡くなったときには、住職及び当宗教法人の代表役員の地位を息子に承継させることを考えています。その場合、どのような手続が必要ですか。

A　住職個人名義の財産については、相続人への相続手続が必要になります。宗教法人化されていない寺院の場合、宗教活動に必要な財産も住職個人の名義となっているので、相続税の対象となります。

他方、宗教法人である寺院の場合、宗教活動に必要な財産は宗教法人名義で所有されていることがほとんどですので、住職が亡くなった場合でも、宗教活動に必要な財産は相続税の対象とはなりません。

その他、宗教法人の場合、代表役員の変更手続が必要になります。

解　説

住職が死亡した場合、相続が発生し、住職の所有する個人財産は相続人が承継します。宗教法人化されていない寺院においては、宗教活動に必要な財産も住職個人の名義で所有されていることが多いと思われますので、本問のような場合、後継者である子息にそれらを承継させる相続手続が必要になります。また住職の地位も、基本的には子息が承継することで特段の問題は生じないと考えられます。

他方、本問のように宗教法人化されている場合、宗教活動に必要な財産は宗教法人名義となっていることがほとんどです。そのため住職が亡くなった場合、（住職個人の財産については相続人への相続手続が必要となりますが）宗教法人名義の財産については相続の対象ではないため、相続手続は不要です。

また、被包括宗教法人である寺院においては「この法人の代表役員は、この寺院の住職の職にある者をもって充てる」と規則に定めている場合が多く、住職が代表役員の地位に就くことが通例となっていますが、このような定めがない場合には、責任役員の互選によって選ばれることになります（法18条２項）[184]。

そこで、子息が住職の地位を承継する場合に、宗教法人の代表役員の地位も承継するかどうかは規則の定めによることになります。

宗教法人において、代表役員の氏名、住所、資格は登記事項です。そこで、代表役員を変更した場合には、２週間以内に。その主たる事務所の所在地において、代表役員の氏名、住所、資格について登記の変更手続が必要となります（法52条２項６号、53条）。登記の変更手続の後には、登記事項証明書を所轄庁に届け出る必要があります（法９条）。また、宗教法人の役員名簿も忘れずに変更しましょう。

184　宗教法人の組織については、第１章Ｑ３を参照。

◇◇ 巻末付録 ◇◇

寺院規則・約款・使用規則（例）

Ⅰ　寺院規則[185]

第１章　総則

（名　称）

第１条　この寺院は、宗教法人法による宗教法人であって「○○寺」と称する。

（目　的）

第２条　この宗教法人（以下「法人」という。）は、○○○を宗祖として○○宗の教義をひろめ、儀式行事を行い、及び信者を教化育成することを目的とし、その目的を達成するために必要な業務（及び事業）[186]を行う。

（事務所の所在地）

第３条　この法人は、事務所を○○県○○市○○町○○番地に置く。

（包括宗教団体）

第４条　この法人を包括する宗教団体は、宗教法人○○宗とする[187]。

（公告の方法）

第５条　この法人の公告は、事務所の掲示場に○日間掲示して行う。

第２章　役員その他の機関

第１節　代表役員及び責任役員

（員　数）

第６条　この法人には、○人の責任役員[188]を置き、そのうち１人を代表役員とする。

（資格及び選任）

第７条　代表役員は、○○宗の規程によってこの寺院の住職の職にある者をもって充てる。

２　代表役員以外の責任役員は、________のうちから、宗会の承認を得て、代表役員が選任する。

185　参考：文化庁「宗教法人の規則 二訂版」（ぎょうせい、2019）。

186　宗教法人として事業を行う場合には、目的にその旨を規定する。

187　包括被包括関係を設定する場合には、規則に記載する必要がある（宗教法人法（以下、本章において「法」という）12条１項４号）。

188　責任役員は３人以上置く必要がある（法18条１項）。

（任　期）

第８条　代表役員の任期は、この寺院の住職の任期による。ただし、住職の職を退いた場合は、代表役員の資格を失うものとする。

２　代表役員以外の責任役員の任期は、○年とする。ただし、再任を妨げない。

３　補欠の代表役員及び責任役員の任期は、それぞれ前任者の残任期間とする。

４　代表役員及び責任役員は、辞任又は任期満了後でも、後任者又はその代務者が就任するときまで、なおその職務を行うものとする。

（代表役員の職務権限）

第９条　代表役員は、この法人を代表し、その事務を総理する。

（責任役員会及びその職務権限）

第10条　この法人に責任役員会を置く。

２　責任役員は、責任役員会を組織し、次の各号に掲げるこの法人の事務を決定する。

(1)　予算の編成

(2)　決算（財産目録、貸借対照表及び収支計算書）の承認

(3)　歳計剰余金及び予算外収入の処置

(4)　特別財産及び基本財産の設定及び変更

(5)　不動産及び重要な動産に係る取得、処分、担保の提供、その他重要な行為

(6)　主要な境内建物の新築、改築、増築、模様替え及び用途変更等

(7)　境内地の模様替え及び用途変更等

(8)　借入れ及び保証

(9)　事業の管理運営

(10)　規則の変更並びに細則の制定及び改廃

(11)　合併並びに解散及び残余財産の処分

(12)　その他この規則に定める事項

(13)　この法人の事務のうち、責任役員が必要と認める事項

３　責任役員会は、代表役員が招集する。ただし、責任役員の定数の過半数から招集を請求されたときは、代表役員は速やかに招集しなければならない。

4　責任役員会の議事は、この規則に別段の定めがある場合を除くほか、責任役員の定数の過半数で決し、その議決権は、各々平等とする。

5　会議には、議事録を作成しておくものとする[189]。

第2節　代務者

（置くべき場合）

第11条　次の各号のいずれかに該当するときは、代務者を置かなければならない。

(1)　代表役員又は責任役員が、死亡、解任、辞任、任期満了その他の事由によって欠けた場合において、速やかにその後任者を選ぶことができないとき。

(2)　代表役員又は責任役員が、病気、旅行その他の事由によって3か月以上その職務を行うことができないとき。

（資格及び選任）

第12条　代表役員の代務者は、前条第1号に該当するときは、○○宗の規程に従ってこの寺院の職務代表者となった者を充て、同条第2号に該当するときは、＿＿＿＿のうちから代表役員が選任する。

2　代表役員以外の責任役員の代務者は、＿＿＿＿のうちから、代表役員が選任する。

（職務権限）

第13条　代務者は、＿＿＿＿に関する事項を除くほか、代表役員又は責任役員に代わってその職務を行う。

（退　職）

第14条　代務者は、その置くべき事由がやんだときは、当然その職を退くものとする。

第3節　仮代表役員及び仮責任役員

（選　定）

第15条　代表役員又はその代務者は、この法人と利益が相反する事

189　会議の議事録は法定の備付書類となっているため、必ず作成する（法25条2項5号）。

項については、代表権を有しない。この場合においては、_________のうちから、責任役員会において仮代表役員を選定しなければならない。

2　責任役員又はその代務者は、その責任役員又はその代務者と特別の利害関係がある事項については、議決権を有しない。この場合においては、________のうちから、責任役員会において、その議決権を有しない責任役員又はその代務者の員数だけ、仮責任役員を選定しなければならない。

（職務権限）

第16条　仮代表役員又は仮責任役員は、前条に定める事項について当該代表役員若しくは責任役員又はその代務者に代わってその職務を行う。

第4節　役員の解任

（代表役員の解任）

第17条　代表役員が次の各号のいずれかに該当するときは、宗会において定数の３分の２以上の議決及び責任役員会において定数の全員の議決により、当該代表役員（責任役員としての地位を含む。）を解任することができる。

⑴　心身の故障のため、職務の遂行に支障があり、これに堪えないと認められるとき。

⑵　職務上の義務に明らかに違反したとき。

⑶　代表役員たるにふさわしくない行為があったとき。

（責任役員の解任）

第18条　代表役員以外の責任役員が前条各号のいずれかに該当するときは、宗会及び責任役員会において各定数の３分の２以上の議決を経て、代表役員は、当該責任役員を解任することができる。この場合において、同条第３号の「代表役員」を「責任役員」と読み替えるものとする。

（代務者の解任）

第19条　代表役員及び責任役員の代務者の解任については、前２条の規定を準用する。

第５節　信者

（定　義）

第20条　信者とは、この法人の教義を信奉する者で、かつ宗会の承認を受け、この法人備付の信者名簿に登録された者をいう。

（責　務）

第21条　信者は、この法人の護持発展に努めなければならない。

（所属の廃止）

第22条　信者が、この法人の所属を離れようとするときは、書面によりその旨を宗会に届け出るものとする。

第６節　宗会

（宗　会）

第23条　この法人に、議決機関として宗会を置く。

２　宗会は、別途定める「宗会議員選任規程」により選任された○人の議員で組織する。

３　議員の任期は○年とする。ただし再任を妨げない。

（招　集）

第24条　宗会の招集は、毎年１回代表役員において期日を定め、臨時緊急の場合を除くほか、２週間前までにこれを発令しなければならない。

２　議員の３分の１以上から招集を請求されたときは、代表役員は、速やかに招集しなければならない。

（議　長）

第25条　宗会に議長を置く。

２　議長は、議員の互選によって定める。

（議　事）

第26条　宗会は、議員の定数の３分の２以上の出席がなければ会議を開き、議決することができない。

２　宗会の議事は、この規則に別段の定めを除くほか、出席議員の過半数で決する。ただし、可否同数のときは、議長の決するところによる。

（職　務）

第27条　宗会は、この規則に定める事項及び代表役員から提出された議案について議決するほか、この法人の業務若しくは財産の状況又は役員の業務執行の状況について、役員に対して意見を述べ、諮問に答えることができる。

（除　名）

第28条　議員が第17条各号のいずれかに該当するときは、宗会において定数の３分の２以上の議決により、除名することができる。この場合において、同条第３号の「代表役員」を「宗会議員」と読み替えるものとする。

（議事録）

第29条　会議には、議事録を作成しておくものとする。

第３章　財務

（資産の区分）

第30条　この法人の資産は、特別財産、基本財産及び普通財産とする。

２　特別財産は、宝物及び什物のうちから設定する。

３　基本財産は、次の各号に掲げる財産とする。

⑴　境内地、境内建物その他の財産のうちから基本財産として設定するもの

⑵　基本財産として指定された寄付財産

⑶　基本財産に編入された財産

４　普通財産は、特別財産及び基本財産以外の財産とする。

（特別財産及び基本財産の設定及び変更）

第31条　特別財産又は基本財産の設定又は変更をしようとするときは、宗会及び責任役員会の議決を経なければならない。

（基本財産の管理）

第32条　基本財産たる現金は、銀行に預け、又は確実な有価証券に替えるなど、代表役員が適正に管理しなければならない。

（財産の処分等）

第33条　次の各号に掲げる行為をしようとするときは、宗会及び責任役員会の議決を経て、その行為の少なくとも１か月前に、信者そ

の他の利害関係人に対し、その行為の要旨を示してその旨を公告しなければならない。ただし、第3号から第5号までに掲げる行為が、緊急の必要に基づくものである場合、又は軽微のものである場合及び第5号に掲げる行為が一時の期間に係るものである場合は、この限りでない。

(1) 不動産又は財産目録に掲げる宝物を処分し、又は担保に供すること。

(2) 借入れ（当該会計年度内の収入で償還する一時の借入れを除く。）又は保証をすること。

(3) 主要な境内建物の新築、改築、増築、移築、除却又は著しい模様替えをすること。

(4) 境内地の著しい模様替えをすること。

(5) 主要な境内建物の用途若しくは境内地の用途を変更し、又はこれらを法人の主たる目的以外の目的のために供すること。

（経費の支弁）

第34条 この法人の経費は、普通財産をもって支弁する。

（予算の編成）

第35条 予算は、毎会計年度開始1か月前までに編成し、宗会及び責任役員会の議決を経なければならない。これを変更しようとするときも同様とする。

（予算の区分）

第36条 予算は、経常収支及び臨時収支の二部に区分し、各々これらを科目に区分して、歳入の性質及び歳出の目的を明示しなければならない。

（特別会計の設定）

第37条 特別の必要があるときは、宗会及び責任役員会の議決を経て、特別会計を設けることができる。

（決　算）

第38条 決算に当っては、財産目録、貸借対照表及び収支計算書を毎会計年度終了後3か月以内に作成し、宗会及び責任役員会の承認を受けなければならない。

（歳計剰余金の処置）

第39条　歳計に剰余を生じたときは、これを翌年度の歳入に繰り入れるものとする。ただし、宗会及び責任役員会の議決を経て、その一部又は全部を基本財産に編入することができる。

（会計年度）

第40条　この法人の会計年度は、毎年４月１日に始まり、翌年の３月31日に終わるものとする。

第４章　事業

（公益事業）

第41条　この法人は、次の事業を行う[190]。

○○寺墓地運営事業

２　前項の事業は、別に定める「○○寺墓地事業運営規程」に基づき、代表役員が管理運営する。

３　第１項の事業に関する会計は、一般会計から区分し、特別会計として経理しなければならない。

第５章　補則

（規則の変更）

第42条　この規則を変更しようとするときは、宗会及び責任役員会において各定数の３分の２以上の議決を経た上、○○宗の代表役員の承認及び所轄庁の認証を受けなければならない。

（合併又は解散）

第43条　この法人が合併又は解散しようとするときは、宗会及び責任役員会において各定数の３分の２以上の議決を経た上、○○宗の代表役員の承認及び所轄庁の認証を受けなければならない。

（残余財産の帰属）

第44条　この法人の残余財産は、○○宗に帰属する。

（包括宗教法人の規則等の効力）

第45条　○○宗の規則及び規程のうち、この法人に関係のある事項

190　法人が事業を行う場合、その種類と管理運営に関する事項を規則に記載する必要がある（法12条１項７号）。

に関する規定は、この規則に定めるもののほか、この法人についてその効力を有する。

(備付書類及び帳簿)

第46条　この法人の事務所には、常に次に掲げる書類及び帳簿を備え付けなければならない。

(1)　この法人の規則及び認証書並びに細則

(2)　○○宗の規則

(3)　役員名簿

(4)　予算書

(5)　財産目録、貸借対照表及び収支計算書

(6)　境内建物(財産目録に記載されているものを除く。)に関する書類

(7)　責任役員会及び宗会の議事に関する書類及び事務処理簿

(8)　事業に関する書類

(9)　信者名簿

(施行細則)

第47条　この規則の施行に関する細則は、責任役員会において、定数の3分の2以上の議決を経て、代表役員が別に定める。

附則

1　この規則は、○○県知事の認証を受け、設立の登記をした日から施行する。

2　この規則施行当初の代表役員及びその他の責任役員は次に掲げる通りとする。

代表役員　○○○○
責任役員　○○○○
責任役員　○○○○
責任役員　○○○○
責任役員　○○○○

附則

この規則の変更は、○○県知事の認証書の交付を受けた日から施行する。

Ⅱ　墓地使用権型標準契約約款[191]

第１条（目的）

本約款は、財団法人○○（宗教法人○○）が経営する墓地（以下「墓地」という。）の使用及び管理に関し必要な事項を定め、その使用及び管理が適切に行われることを目的とする。

第２条（墓地の使用）

1　使用者は、次に掲げる墓地の区画（以下「墓所」という。）を、契約成立後○年間（第８条又は第９条の規定により契約が解除されない限り、継続して）使用する権利を有する。

使用墓所	

2　使用者は、経営者に届け出て、墓所内に使用者の親族及び縁故者の焼骨を埋蔵することができる。

3　使用者は、墳墓の設置、焼骨の埋蔵その他墓地本来の使用目的以外の目的のために墓所を使用してはならない。

4　使用者は、経営者の承諾を得ずに墓所を使用する権利を他人に譲渡し、又は他人に当該墓所を使用させてはならない。

第３条（使用料）

使用者は、経営者が定める期日までに使用料○円を支払わなければならない。

第４条（墓地の管理）

1　墓所の清掃、除草等については、当該墓所の使用者がその責任を負う。

2　墓地の環境整備その他の管理（前項に規定するものを除く。）については、経営者がその責任を負う。

191　原典：旧厚生省平成12年12月6日生衛発第1764号より一部修正

第５条（管理料）

１　経営者は、前条第２項に要する費用に充てるため、別に定めるところにより、使用者に対して毎年管理料を請求するものとし、使用者はこれを支払わなければならない。

２　経営者は、物価の変動等により、当該時点における管理料によっては前項に規定する費用を賄うことができなくなったとき、又はその確実な見込みが生じたときは、必要かつ相当と認められる範囲内において、管理料を改定することができる。この場合において、経営者は、改定後の額及び改定の具体的な理由を明記して、使用者に対し、事前に書面により通知するものとする。

第６条（契約の更新）

１　墓所を使用する権利を有する期間が経過した後も継続して墓所を使用しようとする者は、当該期間が経過する○年前から、経営者に対して契約更新の申込みをすることができる。

２　前項の申込みがあった場合において、前条第１項に規定する管理料の支払義務が履行されている場合には、経営者は前項の申込みを承諾しなければならない。

第７条（使用者の地位の承継）

１　使用者の死亡により、使用者の祭祀承継者がその地位を承継して墓所の使用を継続する場合には、当該祭祀継承者は、速やかに別記様式による地位承継届出書に住民票の写しを添えて経営者に届出を行うものとする。

２　使用者の祭祀承継者が墓所の使用を継続しない場合には、書面をもって経営者にその旨を届け出るものとする。

第８条（使用者による契約の解除）

１　使用者は、書面をもっていつでも契約を解除することができる。

２　前項の場合においては、使用者は既に支払った使用料及び管理料の返還を請求することはできない。ただし、墓所に墓石の設置等を行っておらず、かつ焼骨を埋蔵していない場合において、使用者が既に使用料を納付しているときは、契約成立後○日以内に契約を解除する場合に限り、経営者は、当該使用料の○割に相当する額を返還するものとする。

3　第1項の場合において、契約解除の日の属する年（度）の管理料を納付していないときは、使用者は当該管理料を支払わなければならない。

第9条（経営者による契約の解除）

1　経営者は、使用者が使用料を所定の期日までに支払わなかったときは、書面をもって、契約を解除することができる。

2　前項に規定する場合のほか、使用者が次の各号の一に該当する場合には、経営者は相当の期間を定めて債務の履行を催告し、その履行がないときには、書面をもって、契約を解除することができる。

一　○年間管理料を支払わなかった場合

二　第2条第3項に規定する使用の目的に違反して墓所を使用した場合

三　第2条第4項の規定に違反して墓所を使用する権利を他人に譲渡し、又は他人に当該墓所を使用させた場合

第10条（契約の終了及びこれに伴う措置）

1　契約は、次に掲げる場合に終了する。

一　墓所を使用する権利を有する期間が経過した後、第6条第1項に規定する契約更新の申込みがなされなかったとき

二　第7条第2項の届出があったとき

三　前二条の規定により契約が解除されたとき

2　契約が終了したときは、使用者であった者又はその祭祀承継者（次項及び第4項において「元使用者等」という。）は、速やかに墓所内に設置された墓石等を撤去し、墓所内に埋蔵された焼骨を引き取るものとする。

3　元使用者等が前項に定める義務を履行しない場合において、契約終了後○年を経過した場合には、経営者は、墓石等を墓地内の

所定の場所に移動し、及び法令の規定による改葬手続を経て埋蔵された焼骨を墓地内の合葬墓又は納骨堂に移すことができる。

4　前項の場合においては、経営者は実費を元使用者等に請求することができる。

Ⅲ　埋蔵管理委託型標準契約約款[192]

第１条（目的）

本約款は、財団法人○○（宗教法人○○）が設置し、及び経営する墓地（以下「墓地」という。）における埋蔵及び管理（供養）に関し必要な事項を定め、その埋蔵及び管理（供養）が適切に行われることを目的とする。

第２条（埋蔵及び管理（供養）の実施）

１　経営者は、委託者が指定する次に掲げる者の焼骨を、次に掲げる墓地の区画に埋蔵し、別添付属文書に定めるところに従い、適切に管理（供養）を行うものとする。

委託者が指定する者	
埋蔵される区画	

２　前項の埋蔵から○年を経過したときは、経営者は所定の合葬墓又は納骨堂に焼骨を移すことができる。

第３条（委託管理料（委託供養料））

委託者は、経営者が定める期日までに委託管理料（委託供養料）○円を支払わなければならない。

第４条（委託者等による契約の解除）

１　委託者は、書面をもっていつでも契約を解除することができる。

２　委託者の死亡によりその地位を承継した者（次項において「委託承継者」という。）は、第２条に規定する埋蔵及び管理（供養）が適切に行われなかった場合に限り、書面をもって契約を解除して損害賠償を請求することができる。

３　第２条第２項の規定により焼骨が合葬墓又は納骨堂に移された場合には、前二項の規定にかかわらず、委託者及び委託承継者（以

192　原典：旧厚生省平成12年12月6日生衛発第1714号より一部修正

下「委託者等」という。）は、契約を解除することができない。

4　第１項又は第２項の規定により契約が解除された場合において、焼骨が既に埋蔵されているときは、委託者等はこれを引き取らなければならない。

5　第１項又は第２項の規定により契約が解除された場合において、焼骨が埋蔵されておらず、かつ委託管理料（委託供養料）が支払われているときは、契約成立後○年以内に契約を解除する場合に限り、経営者は、当該委託管理料（委託供養料）の○割に相当する額を返還するものとする。

第５条（経営者による契約の解除）

経営者は、委託者等が委託管理料（委託供養料）を所定の期日までに支払わなかったときは、書面をもって、契約を解除することができる。

Ⅳ　寺院境内墓地向けの使用規則

第１条（目的）

本規則は、宗教法人○○（以下「○○寺」という。）が経営する墓地の使用及び管理に関し必要な事項を定め、その使用及び管理が適切に行われることを目的とする。

第２条（管理者）

墓地の管理者は、○○寺の代表役員である住職とする。

第３条（墓地使用の申込み）

墓地使用者は、墓地使用契約の申込みに際して、別途定める永代使用料を志納の上、所定の申込書に必要事項を記載して提出し、○○寺の承諾を書面により得るものとする。

第４条（墓地の使用）

1　墓地の使用者は、○○寺の檀信徒に限る。但し、管理者が特に認めるときはこの限りではない。

2　使用者は、次に掲げる墓地の区画（以下「墓所」という。）を、第８条又は第９条の規定により契約が解除されない限り、継続して使用する権利を有する。

使用墓所	

3　使用者は、墓地における祭祀方法については○○寺の典礼に従わなければならない。

4　使用者は、管理者に届け出て、墓所内に使用者の親族及び縁故者の焼骨を埋蔵することができる。但し、縁故者の焼骨を埋蔵しようとする場合には、事前に管理者と協議し、承諾を得なければならない。

5　使用者は、墓地内に焼骨以外のものを安置しようとする場合は、事前に管理者の許可を得なければならない。

6　使用者は、墓所に墓石以外の工作物を設置し、また改造等をしようとする場合は、事前に管理者の許可を得なければならない。
7　公用収用又は土地区画整理等により墓地等の移転の必要が生じたときは、管理者は、代替地を用意して使用者に改葬を求めることができ、使用者は改葬を承諾するものとする。
8　使用者は、住所、連絡先等に変更が生じた場合には、すみやかに管理者に届け出るものとする。
9　使用者は、墳墓の設置、焼骨の埋蔵その他墓地本来の使用目的以外の目的のために墓所を使用してはならない。
10　使用者は、管理者の承諾を得ずに墓所を使用する権利を他人に譲渡し、又は他人に当該墓所を使用させてはならない。

第５条（墓地の管理）

1　墓所の清掃、除草等については、当該墓所の使用者がその責任を負う。
2　墓地の環境整備その他の管理（前項に規定するものを除く。）については、管理者がその責任を負う。
3　管理者が墓地の管理のため必要と認めるときは、使用者に対し、使用上必要な条件を付することができる。

第６条（管理料）

1　管理者は、前条第２項に要する費用に充てるため、別に定めるところにより、使用者に対して毎年管理料を請求するものとし、使用者はこれを支払わなければならない。
2　管理者は、物価の変動等により、当該時点における管理料によっては前項に規定する費用を賄うことができなくなったとき、又はその確実な見込みが生じたときは、必要かつ相当と認められる範囲内において、管理料を改定することができる。この場合において、管理者は、改定後の額及び改定の具体的な理由を明記して、使用者に対し、事前に書面により通知するものとする。

第７条（使用者の地位の承継）

1　使用者の死亡により、使用者の祭祀承継者がその地位を承継して墓所の使用を継続する場合には、当該祭祀継承者は、速やかに別記様式による地位承継届出書に住民票の写しを添えて管理者に届出を行うものとする。

2　使用者の祭祀承継者が墓所の使用を継続しない場合には、書面をもって管理者にその旨を届け出るものとする。

3　使用者の死亡後、使用者の祭祀承継者から○年以内に地位承継届出書の提出がなされなかったときは、管理者は墓地使用権が放棄されたものとみなすことができ、墓石等を撤去し、埋蔵された焼骨を墓地内に設置された合祀墓又は納骨堂に移転させることができる。

4　無縁墳墓となった場合、管理者は墓地使用権が消滅されたものとし、墓石等を撤去し、埋蔵された焼骨を墓地内に設置された合祀墓又は納骨堂に移転させることができる。

第８条（使用者による契約の解除）

1　使用者は､書面をもっていつでも契約を解除することができる。

2　前項の場合において、使用者は既に支払った永代使用料及び管理料の返還を請求することはできない。

3　第１項の場合において、契約解除の日の属する年（度）の管理料を納付していないときは、使用者は当該管理料を支払わなければならない。

第９条（管理者による契約の解除）

1　使用者が次の各号の一に該当する場合には、管理者は、使用者に対し催告をすることなく直ちに契約を解除することができる。

一　使用者が○○寺の檀信徒でなくなったとき。

二　○○寺の典礼及び儀式に従わないとき、又は妨害したとき。

三　境内建物又は墓地内で○○寺の典礼及び儀式以外の宗教的行為を行ったとき。

2　前項に規定する場合のほか、使用者が次の各号の一に該当する場合には、管理者は相当の期間を定めて債務の履行を催告し、その履行がないときには、書面をもって、契約を解除することができる。

一　○年間管理料を支払わなかった場合

二　第４条第９項に規定する使用の目的に違反して墓所を使用した場合

三　第４条第10項の規定に違反して墓所を使用する権利を他人に譲渡し、又は他人に当該墓所を使用させた場合

第10条（契約の終了及びこれに伴う措置）

1　契約は、次に掲げる場合に終了する。

一　第７条第２項の届出があったとき

二　前二条の規定により契約が解除されたとき

2　契約が終了したときは、使用者であった者又はその祭祀承継者（次項及び第４項において「元使用者等」という。）は、速やかに墓所内に設置された墓石等を撤去し、墓所内に埋蔵された焼骨を引き取るものとする。

3　元使用者等が前項に定める義務を履行しない場合において、契約終了後○年を経過した場合には、管理者は、墓石等を墓地内の所定の場所に移動し、及び法令の規定による改葬手続を経て埋蔵された焼骨を墓地内の合葬墓又は納骨堂に移すことができる。

4　前項の場合においては、管理者は実費を元使用者等に請求することができる。

Ⅴ　納骨堂使用規則

第１条（目的）

本規則は、宗教法人○○（以下「○○寺」という。）が経営する納骨堂の使用及び管理に関し必要な事項を定め、その使用及び管理が適切に行われることを目的とする。

第２条（管理者）

納骨堂の管理者は、○○寺の代表役員である住職とする。

第３条（納骨堂使用の申込み）

納骨堂使用者は、納骨堂使用契約の申込みに際して、別途定める使用料・管理料を志納の上、所定の申込書に必要事項を記載して提出し、○○寺の承諾を書面により得るものとする。

第４条（納骨堂の使用）

1　使用者は、次に掲げる納骨棚の区画を、第８条又は第９条の規定により契約が解除されない限り、継続して使用する権利を有する。

使用区画	

2　使用者は、納骨堂における祭祀方法については○○寺の典礼に従わなければならない。

3　使用者は、管理者に届け出て、使用者の親族及び縁故者の焼骨を○壺まで納骨することができる。

4　使用者は、住所、連絡先等に変更が生じた場合には、速やかに管理者に届け出るものとする。

5　使用者は、焼骨の納骨、供養その他納骨堂本来の使用目的以外の目的のために納骨堂を使用してはならない。

6　使用者は、管理者の承諾を得ず納骨棚を使用する権利を他人に譲渡し、又は他人に当該納骨棚を使用させてはならない。

第５条（使用期間）

１　納骨堂の使用期間は納骨後〇年間とし、その後は納骨堂内の合祀墓所に合祀とする。

２　使用者が希望する場合には、別途規定の維持管理費を支払い、前項の期間経過後〇年間、使用期間を延長することができる。

第６条（納骨堂の管理）

１　納骨堂の環境整備その他の管理については、管理者がその責任を負う。

２　天変地異等の不可抗力、第三者による損害については、管理者は一切の責任を負わない。

第７条（使用者の地位の承継）

１　使用者の死亡により、使用者の祭祀承継者がその地位を承継して納骨堂の使用を継続する場合には、当該祭祀継承者は、速やかに別記様式による地位承継届出書に住民票の写しを添えて管理者に届出を行うものとする。

２　使用者の祭祀承継者が納骨堂の使用を継続しない場合には、書面をもって管理者にその旨を届け出るものとする。

第８条（使用者による契約の解除）

１　使用者は､書面をもっていつでも契約を解除することができる。

２　前項の場合において、使用者は既に支払った使用料及び管理料の返還を請求することはできない。

第９条（管理者による契約の解除）

使用者が次の各号の一に該当する場合には、管理者は相当の期間を定めて債務の履行を催告し､その履行がないときには､書面をもって、契約を解除することができる。

一　第４条第５項に規定する使用の目的に違反して納骨堂を使用した場合

二　第４条第６項の規定に違反して納骨棚を使用する権利を他人に譲渡し、又は他人に当該納骨棚を使用させた場合

第 10 条（契約の終了及びこれに伴う措置）

1　契約は、次に掲げる場合に終了する。

一　第７条第２項の届出があったとき

二　前二条の規定により契約が解除されたとき

2　契約が終了したときは、使用者であった者又はその祭祀承継者（次項及び第４項において「元使用者等」という。）は、納骨された焼骨を引き取るものとする。

3　元使用者等が前項に定める義務を履行しない場合において、契約終了後○年を経過した場合には、管理者は、焼骨を管理者の定める合祀埋葬墓所に移すことができる。

■ 参考文献

・ 文化庁『宗教法人運営のガイドブック』（文化庁文化部宗務課、2010年）
・ 文化庁『宗教法人の管理運営の手引　第一集　宗教法人の規則(二訂版)』（ぎょうせい、2014年）
・ 庄司道弘他３名著『寺院法務の実務と書式（第２版）』（民事法研究会、2020年）
・ 本間久雄著『弁護士実務に効く　判例にみる宗教法人の法律問題』（神弁協叢書　第一法規、2019年）
・ 国税庁『令和６年版　宗教法人の税務』（国税庁、2024年）
・ 水町勇一郎著『詳解労働法　第３版』（東京大学出版会、2023 年）

■　監修者略歴

弁護士　志田 祐義

経　　歴

2003年10月　浄土真宗本願寺派僧侶の資格を取得
2007年３月　立命館大学法科大学院修了
2008年12月　弁護士登録（愛知県弁護士会）
2009年８月　富山県弁護士会に登録換（志田法律事務所開業）
2016年４月～2017年３月　富山県弁護士会　監事
2018年４月～2020年３月　富山県弁護士会　副会長
2021年４月～2023年12月現在　日本司法支援センター富山地方事務所（法テラス富山）副所長

取扱分野

弁護士として、一般民事事件、家事事件、刑事事件、倒産事件等を取り扱う。
実家が富山県の寺院であり、浄土真宗本願寺派の僧侶として、月参り、法事､葬儀等も行う。寺院関係者や檀信徒からの寺院法務も含む相談、依頼も受けている。

■　著者略歴（五十音順）

弁護士　伊藤 和貴　（第５章「宗教法人による事業運営」執筆）

経　　歴

2016年３月　東京大学法科大学院修了
2019年２月　弁護士登録（第一東京弁護士会）
同月　　　　九帆堂法律事務所

取扱分野

中小企業・各種法人顧問業務、不動産法務のほか、一般民事・家事事件等を取り扱う。

弁護士　伊藤 洋実（兼　編者）
（第１章「宗教法人に関する基礎知識」執筆）

経　　歴

2015年３月　中央大学法科大学院修了

2016年12月　弁護士登録（第一東京弁護士会）

同月　　　　九帆堂法律事務所

取扱分野

中小企業・宗教法人等各種法人顧問業務、労働法務、不動産法務を中心に、一般民事・家事事件（相続）を取り扱う。

税理士　菊地 則夫（税理士法人スマートシンク　代表社員）
（第６章「宗教法人の税務」執筆）

経　　歴

1997年５月　税理士登録（東京税理士会）

2018年９月　税理士法人スマートシンクを開業。現在に至る

取扱分野

不動産税務全般（申告手続き・相続税試算・キャッシュフロー健全化対策他）、税務調査対策・立会、土地活用サポート他不動産の健全な運用へ貢献する業務に従事。

主な役職

公益社団法人　東京共同住宅協会　監事

公益社団法人　全国宅地建物取引業協会　講師

公益財団法人　日本賃貸住宅管理協会　講師

弁護士　北村 亮典　（第２章「寺院内部の法律問題」執筆）

経　　歴

2006年３月　慶應義塾大学大学院法務研究科修了

2007年12月　弁護士登録（神奈川県弁護士会）

2022年11月　大江・田中・大宅法律事務所（東京弁護士会）

取扱分野

不動産取引に関わる紛争解決（借地、賃貸管理、建築トラブル）、不動産が関係する相続問題、個人・法人の倒産処理・事業再生、中小企業法務を中心に取り扱う。

弁護士　髙橋 優介　（第3章「墓地等に関する法律問題」執筆）

経　　歴

2013年３月　千葉大学法科大学院修了
2014年12月　弁護士登録（第一東京弁護士会）
同月　九帆堂法律事務所

取扱分野

中小企業・宗教法人等各種法人顧問業務、不動産事件、家事事件、交通事故、一般民事事件などを取り扱う。

弁護士　原田 宜彦
（第4章「寺院と檀信徒等との法律問題（墓地使用以外）」執筆）

経　　歴

2016年３月　首都大学東京法科大学院（現　東京都立大学法科大学院）修了
2017年12月　弁護士登録（第一東京弁護士会）
同月　九帆堂法律事務所
2023年２月　虎ノ門カレッジ法律事務所

取扱分野

企業法務、不動産事件、建築事件、一般民事事件、家事事件（相続など）、刑事事件を中心に取り扱う。

寺院のための法律基礎知識Q&A
宗教法人設立手続から税務まで

令和6年3月1日　初版発行

検印省略

監修者　志　田　祐　義
編著者　伊　藤　洋　実
共著者　伊　藤　和　貴
　　　　菊　地　則　夫
　　　　北　村　亮　典
　　　　髙　橋　優　介
　　　　原　田　宜　彦
発行者　青　木　鉱　太
編集者　岩　倉　春　光
印刷所　丸井工文社
製本所　国　宝　社

日本法令®

〒101-0032
東京都千代田区岩本町1丁目2番19号
https://www.horei.co.jp/

（営　業）　TEL　03-6858-6967　　Eメール　syuppan@horei.co.jp
（通　販）　TEL　03-6858-6966　　Eメール　book.order@horei.co.jp
（編　集）　FAX　03-6858-6957　　Eメール　tankoubon@horei.co.jp

（オンラインショップ）　https://www.horei.co.jp/iec/
（お 詫 び と 訂 正）　https://www.horei.co.jp/book/owabi.shtml
（書籍の追加情報）　https://www.horei.co.jp/book/osirasebook.shtml

※万一、本書の内容に誤記等が判明した場合には、上記「お詫びと訂正」に最新情報を掲載しております。ホームページに掲載されていない内容につきましては、FAXまたはEメールで編集までお問合せください。

ISBN 978-4-539-73024-9